LIVRES VIELZ ET ANTIQVES
LIVRES NOUVEAVL
ESTIENNE DOLET
J. ACOB
BIBLIOPHILE

LA JARDINIÈRE DE VINCENNES.

TOME PREMIER.

Où voulez-vous aller la belle Enfant ?

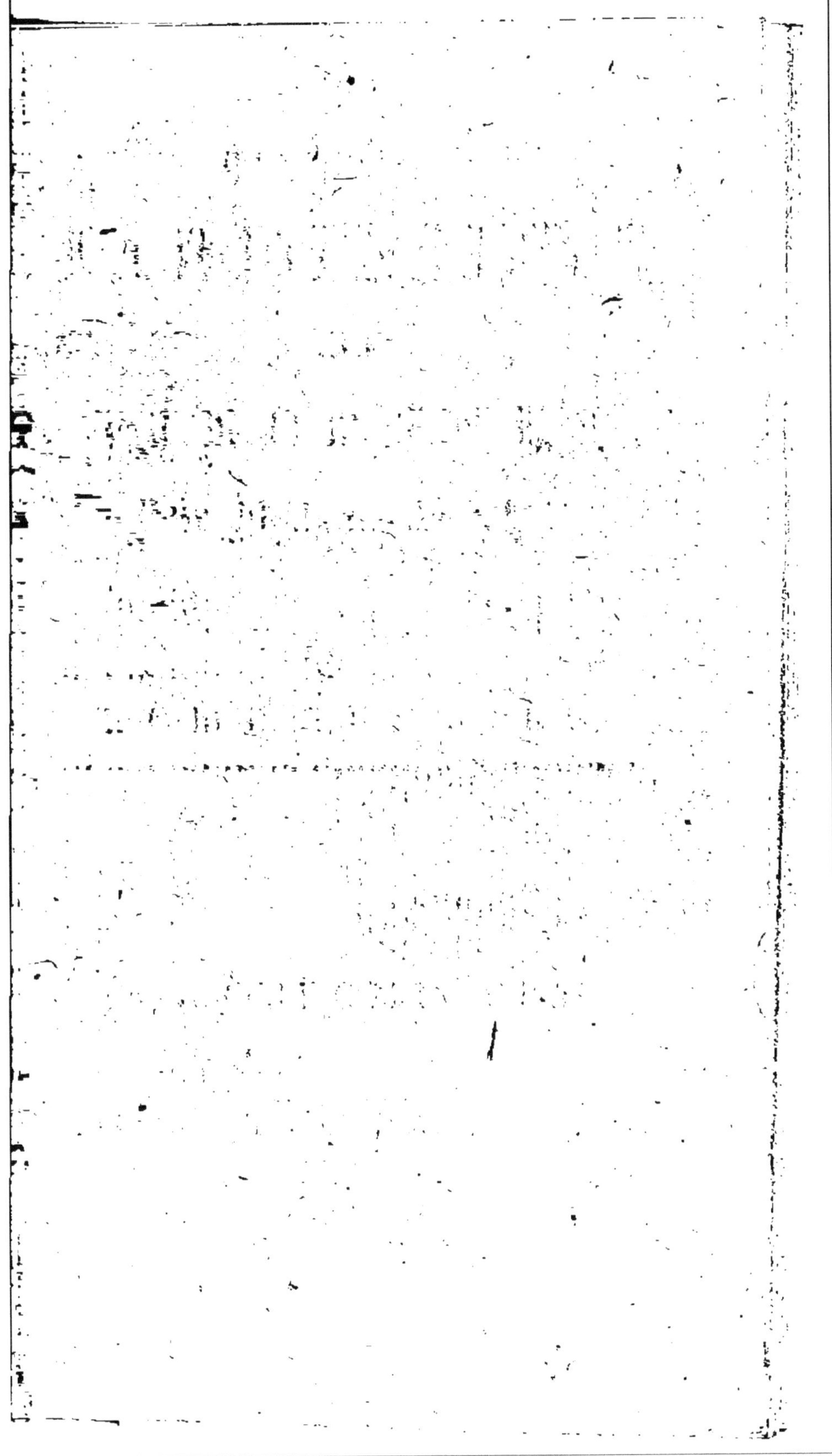

LA JARDINIÈRE

DE

VINCENNES.

Par Madame de V***.

Nouvelle édition, revue et corrigée.

TOME PREMIER.

A COULOMMIERS,

Et se vend à Paris chez PICOREAU, Libraire,
Place Saint-Germain-l'Auxerrois.

M. DCCCXI.

LA JARDINIÈRE DE VINCENNES.

QUOIQUE la marquise d'Astrel fût veuve depuis vingt ans, elle n'en avoit cependant que trente-six; joignant à une grande naisssauce, de la beauté, de la vertu et de gros biens. Ces qualités, qui sont si rarement réunies dans le même objet, lui auroient aisément fait trouver un des meilleurs établissemens de France, si elle eût été en disposition de se rengager de nouveau ; mais quand, à la fin de son deuil, la bienséance lui permit de penser à un second hymen, loin de profiter de cette liberté, elle déclara hautement qu'elle y renonçoit, ne voulant s'occuper désormais que de sa fortune et de l'éducation de son fils unique, qui étoit aussi l'unique objet de ses attentions.

On ne crut pas d'abord que cette résolution pût être durable ; n'étant pas aisé de penser qu'une femme de dix-neuf ans pût résister aux sollicitations de sa famille et aux empressemens de ceux qui avoient droit de prétendre à

Tome I.   A sa main ; mais, fidelle à l'amour maternel qui lui avoit inspiré ce dessein, elle le conserva ; et se fortifiant de plus en plus dans ses premiers sentimens, elle cessa enfin d'être regardée comme une personne à marier ; se délivrant par ce moyen, quoiqu'elle fût encore jeune, de l'importunité des uns et des autres. Elle pouvoit croire, sans prévention, que ses attraits auroient été suffisans pour faire désirer sa possession : mais elle n'en eut pas plus d'orgueil, présumant toujours que ceux qui lui faisoient la cour avec tant d'ardeur, étoient presqu'aussi amoureux des cent mille écus de rente dont elle étoit maîtresse, que de sa personne. Ces gros biens, d'autant plus à désirer qu'ils étoient exempts de dettes ou de procès, n'étoient pas de nature à redouter qu'il en survînt, puisqu'ils consistoient en des terres considérables, dont ses ancêtres avoient joui depuis un tems immémorial, et qui lui étoient échues sans obstacle.

La marquise avoit parfaitement bien vécu avec son époux, et l'avoit aimé tendrement ; mais peut-être la fidélité qu'elle conservoit pour sa mémoire, n'eût pas été capable de la déterminer à un veuvage éternel, si elle eût pu le faire cesser sans porter de préjudice aux intérêts de son fils, qui, pour être riche, n'avoit d'autre ressource que l'espérance du bien de sa mère ; le marquis ne lui ayant laissé qu'une succession si embrouillée, que le conseil de la veuve l'avoit obligée d'y faire renoncer son pupille. Quoique le jeune marquis fût resté sans bien , son éducation n'en souffrit point : et après y avoir donné tout ce qui pouvoit la perfectionner, la marquise jugea que, pour la rendre parfaite, il falloit le faire voyager, étant persuadée qu'il n'y a rien de plus propre à former un homme de son rang. Le marquis répondoit parfaitement aux soins que sa mère prenoit pour en faire un cavalier accompli , étant aussi attentif à profiter des leçons qu'elle lui faisoit donner , qu'à lui témoigner par son respect et son plus tendre attachement, la reconnoissance que lui inspiroient tant de bontés. Le bon usage qu'il faisoit des sentimens favorables dont elle lui donnoit sans cesse les preuves les plus tendres, redoubloit l'affection qu'elle avoit pour lui.

Ce n'étoit point une tendresse de mère aveugle qui faisoit agir madame d'Astrel : elle avoit la satisfaction de savoir qu'elle n'étoit pas seule à l'admirer , et que c'étoit sans prévention qu'elle le trouvoit charmant. Il étoit fait en perfection , avoit tous les traits réguliers : la physionomie intéressante et un air de grandeur qui brilloit en toutes ses actions n'auroient pas permis qu'on eût pu le prendre pour un homme du commun , quelque simplement qu'il eût été vêtu. Les soins que l'on avoit employés à cultiver son esprit lui donnoient de nouvelles graces, qui, jointes à un caractère généreux et à une ame douce, le rendoient d'un commerce fort agréable. En un mot, il auroit été parfait s'il n'eût point eu le défaut de trop connoître ses avantages, et d'avoir un peu plus d'estime pour son propre mérite, qu'il ne convient à un galant homme.

Ce vice étoit presqu'imperceptible par son attention à le cacher; et ceux qui le pénétroient malgré ses soins, l'excusoient aisément, en considérant l'espèce d'impossibilité qu'il y avoit pour lui à ne pas ressentir quelques mouvemens de vanité, tandis que les hommes qui le connoissoient, recherchoient avec empressement son amitié, et que les dames ne négligeoient rien pour se saisir de son cœur. La bonne opinion que ces avances générales lui faisoient concevoir de lui-même étoit encore fomentée par les adulations d'un ancien valet-de-chambre qui avoit appartenu au feu marquis son père, et qui lui étoit attaché depuis long-tems. L'âge et les longs services de ce domestique lui donnoient un grand crédit sur son esprit : il l'avoit suivi en ses voyages, où il avoit eu toute la commodité possible pour acquérir sa confiance. La mort de son gouverneur, arrivée tandis qu'ils étoient à la cour de Vienne, en facilita le succès, et lui donna plus d'autorité auprès du jeune homme; cet accident n'ayant pu déranger des projets qui n'avoient pas eu encore le quart de leur exécution.

Dupuy, c'est le nom de ce domestique, eut ordre de sa maîtresse de faire continuer à son fils à visiter les cours de l'Europe, et d'avoir attention à sa conduite. Il s'acquitta assez heureusement de cet emploi pour satisfaire tout-à-la-fois la marquise et son jeune maître, dont il gagna l'amitié en prévenant attentivement ses désirs. Le marquis, docile à ses avis, les suivoit exactement; et Dupuy, qui avoit ordre de ne rien épargner pour le faire paroître honorablement, le faisoit séjourner dans tous les endroits où il se plaisoit, s'empressant surtout à lui faire trouver des plaisirs et de la bonne compagnie. Cette espèce de Mentor n'avoit aucune peine à exciter son pupille au bien ou à lui faire éviter le mal. Il étoit porté si naturellement à bien faire, que les leçons qu'il auroit pu lui donner auroient été superflues; ce qui animoit le zèle de Dupuy, et le faisoit tomber lui-même, sans qu'il s'en aperçût, dans un défaut qui est souvent de conséquence pour ceux qui sont chargés de la conduite des autres. La bonne opinion qu'il avoit de son élève devint si forte, qu'elle se rendit contagieuse, et qu'il ne fut pas possible au marquis de se voir admirer sans cesse par un homme de qui l'emploi auroit dû être de le censurer, sans se croire exempt de tous défauts, et même en possession des perfections nécessaires à un homme comme lui. Son penchant principal étoit pour les femmes, et l'indulgent Dupuy, aussi peu sévère sur cet article que sur tous les autres, loin de s'opposer à ses inclinations, l'encourageoit à les suivre, et lui disoit sans cesse que, de toutes les belles qu'il étoit permis à un honnête homme de voir, il n'y en avoit à éviter que de l'espèce de celles qui pourroient le conduire au mariage.

Vous n'êtes point le maître de votre main, ajoutoit-il ; le moins que vous devez aux bontés de madame votre mère, c'est d'attendre une épouse de la sienne ; l'engagement ne doit pas être pour vous une suite de passion. Le bien et l'alliance qu'elle agréera, sont seuls en droit de vous déterminer. Si la femme qu'elle vous aura choisie est aimable, tant mieux pour elle, elle en sera plus chérie ; mais quand elle ne le seroit pas, ce ne pourroit être un obstacle à votre union. Vous avez trop de probité pour manquer de politesse avec votre femme, et c'est tout ce qu'il faut ; cela ne doit point vous empêcher de disposer de votre cœur comme il vous plaira. Au contraire, il est presque nécessaire d'être amoureux, parce que le désir de plaire à ce que l'on aime inspire une attention et une émulation qui excitent un galant homme à se perfectionner. Il vous reste peu de chose pour y parvenir, et, sans vous flatter, il n'y a point de jeunes seigneurs de votre âge qui vous égalent.

Ces discours étoient trop au goût du marquis, et flattoient trop son penchant pour le trouver rebelle. Il en profita exactement, laissant à la prudence de sa mère la conduite de son établissement, tel qu'elle le jugeroit à propos, et abandonnant son cœur au gré de ses désirs, par-tout où son mérite lui faisoit de nouvelles conquêtes. Il en fit un nombre prodigieux pendant le tems qu'il employa à parcourir l'Allemagne, l'Espagne, l'Angleterre, l'Italie. En chaque lieu qu'il jugeoit digne de faire son séjour, le premier de ses soins étoit de lier une intrigue; il y réussissoit parfaitement. Il savoit en perfection se conformer aux divers caractères des belles à qui il rendoit des soins, soutenant le personnage d'amant tendre et délicat avec celles dont la la manie étoit les beaux sentimens; mais lorsqu'il rencontroit des maîtresses plus traitables, son triomphe en étoit plus prompt, sa libéralité détruisant d'abord les vains scrupules dont elles se paroient. L'habitude à trouver si facilement le moyen d'être heureux, lui persuada que toutes les femmes étoient sur le même pied; et joignant à ses expériences les instructions du bon Dupuy, il ne crut pas qu'il y eût dans le monde une femme digne de son estime, ni qui fût capable de lui résister. Le marquis étoit dans cette pernicieuse idée, lorsqu'après quatre ans de voyage sa mère, jugeant qu'il étoit tems de terminer ses courses, le rapela auprès d'elle. Il obéit

en silence et avec beaucoup de joie : Dupuy lui
représentant sans cesse les plaisirs de Paris sous
des traits avantageux et si fort au-dessus de ceux
qu'il avoit goûtés ailleurs, il brûloit du désir d'en
faire l'expérience, sur-tout d'essayer du commerce des dames de France que Dupuy, en lui
faisant une peinture si charmante, n'eut pas
omis de l'avertir qu'elles étoient beaucoup plus
dangereuses qu'en aucun autre endroit. Il lui
inspira que le moyen le plus à la mode à Paris,
et celui d'éviter bien des chagrins, étoit d'avoir
une maîtresse dont la naissance fût assez inégale
pour ne point songer à devenir sa femme ; mais
qui, satisfaite de ses bienfaits, ne le considérât
que comme un homme qui n'avoit pas plus
d'envie de l'épouser que d'être son esclave ; ce
que, disoit-il, on devoit également redouter ;
ajoutant qu'une semblable précaution le garanti-
roit de la débauche, sans le contraindre dans
ses plaisirs, ni mettre d'obstacle à ses devoirs,
n'oubliant pas de lui faire un portrait fort déplai-
sant de ceux qui se jettent à corps perdu au service
du parfait amour, et qui s'abandonnent aux soins
pénibles qu'il faut prendre lorsqu'on veut plaire
méthodiquement, sur-tout dans un tems où la
mode y est si contraire qu'ils se donnent un ridicule ineffaçable. Faites des parties agréables,
lui disoit-il, mais ne livrez jamais l'empire absolu
de votre cœur à une belle capricieuse ; dès qu'elle
se croira aimée, elle voudra vous assujettir à

toutes ses fantaisies. Pour avoir une preuve de votre amour et de votre dévouement, elle exigera sans doute que vous renonciez à vos volontés, en vous soumettant absolument aux siennes ; enfin, que vous abandonniez toutes sortes de plaisirs pour vous occuper de l'unique bien de la suivre en tous lieux. Cette tyrannie, à laquelle on étoit assujéti au tems passé, et où on ne l'est encore que trop souvent dans celui-ci, sans même s'en apercevoir, est le plus dangereux écueil où se puissent briser la fortune et la réputation des jeunes gens qui entrent dans le monde. Une telle manie fait abandonner le soin de l'avancement à ceux qui en sont entichés : ils négligent de se faire connoître, se laissant totalement oublier, et quand ce malheur est arrivé, il est rare qu'on le répare : c'est une espèce de mort civile, qui, les ayant sequestrés assez long-tems de tout autre soin que de ceux de leur amour, les a jetés dans le cas de donner au public le loisir de les perdre entièrement de vue, et de se passer d'eux.

Croyez-moi, mon cher maître, continuoit le zélé Dupuy, laissez espérer la préférence à toutes celles qui en vaudront la peine, mais que ce soit sans vous engager à aucune ; que chaque jour soit marqué par une nouvelle conquête. Fait comme vous êtes, vous ne devez appréhender de trouver des cruelles. Ces flatteuses maximes ne pouvoient déplaire à un jeune homme, et

quand le marquis arriva à Paris, il avoit le goût
si gâté par ces pernicieuses leçons , qu'il étoit
aussi convaincu de son mérite que , peu persuadé
de la vertu des dames, fort résolu, en cas qu'il
rencontrât quelques-uns de ces prétendus phé-
nomènes , de ne point s'opiniâtrer à perdre son
tems en soupirant pour leurs beaux yeux : mais,
continuant à cacher soigneusement ses sentimens, il ne paroissoit pas moins aimable. Sa
mère, qui l'avoit éloigné d'elle en sortant de
l'académie, le trouve changé avantageusement ;
il étoit devenu fort grand, et s'étoit façonné
de sorte qu'elle fut ravie de le revoir si bien
fait. Son esprit répondant à sa bonne mine , il
ne lui manquoit rien pour plaire, et elle le
reçut avec toute la joie possible, ne se pouvant
lasser de le regarder.

Il y avoit trois jours qu'il étoit à Paris, sans
qu'il eût songé à sortir. Les caresses de la marquise et la tendresse qu'il ressentoit pour une si
bonne mère l'occupoient uniquement, de façon
qu'il n'avoit pas encore eu le tems de prendre
aucune mesure pour arranger ses plaisirs ,
n'ayant alors aucune connoissance propre à y
contribuer. Les amis de son âge qu'il avoit
laissés en partant, ignoroient son retour ,
lorsque le hasard sembla lui offrir une occasion
de mettre en pratique les conseils de son valet-
de-chambre. Un matin qu'il étoit encore au lit ,
Dupuy, ouvrant son rideau précipitamment ,

le tira par le bras, et l'éveillant avec une familiarité à laquelle il était accoutumé: Mon maître, lui dit-il d'un air satisfait, levez-vous au plus vite, et rendez grace à la fortune du bonheur qu'elle daigne vous offrir. Voici une de ses faveurs la plus agréable qui vous puisse jamais arriver.

Le marquis, surpris de cette boutade, lui demanda s'il étoit devenu fou, et ce qui pouvoit l'obliger à venir interrompre son repos avec tant d'extravagance. Eh! bon, bon, reprit Dupuy en riant, il est bien question de dormir à votre âge, quand votre bon génie a conduit chez vous ce que peut-être nous n'eussions pas pu rencontrer dans tout Paris.... enfin, un trésor charmant. Quel est donc ce trésor précieux, dit le marquis en riant aussi, et de quelle espèce est-il ? Morbleu ! s'écria Dupuy, c'est une maîtresse telle qu'il vous la faut; elle est belle comme l'amour, elle ne fait que de sortir de l'enfance. Ce qu'il y a de meilleur c'est que, suivant les apparences, elle n'a ni assez de naissance, ni assez de richesses pour regarder vos bienfaits et vos prétentions avec indifférence. Mais, continua-t-il en lui présentant sa robe-de-chambre, venez promptement la voir ; car, pendant que nous perdrons le tems à raisonner, cette belle enfant pourroit s'en aller ; et ne sachant qui elle est, ni d'où elle vient, j'aurois beaucoup de peine à la retrouver. Voilà, dit en raillant le jeune d'Astrel, une connoissance fort avancée, et une bonne fortune bien assurée. Dis-moi donc, je te prie, par où tu as jugé qu'elle seroit d'une humeur aussi accommodante que nous le désirons.

Je le juge par conjecture, répartit Dupuy. Elle est jeune, belle et paroît d'une condition assez obscure : vous êtes aimable, riche et libéral ; voilà sur quoi je fonde mes préjugés, et sur quoi je crois avoir plus sujet de compter le marché fait, supposé qu'il vous convienne, que vous n'en avez d'appréhender des obstacles qui, s'ils vous épouvantent, prouvent que vous êtes bien timide. Croyez-en mon expérience, monsieur, continua-t-il, il n'est point de places assez bien fortifiées pour être imprenables, et ce n'est iciqu'un hameau sans défense. En tenant ces discours, il avoit tant fait qu'il avoit mis son maître en état de descendre, et qu'il l'entraînoit en bas, lorsqu'en passant près de l'entre-sol où logeoit mademoiselle de la Mothe, demoiselle de la marquise, il entendit chanter cette fille, qui avoit la voix fort belle, et que l'on accompagnoit du clavecin. Il s'arrêta sans bruit à la porte, qui étoit entr'ouverte, où il vit dans une glace vis-à-vis du clavecin que ce n'étoit pas mademoiselle de la Mothe qui l'occupoit, mais une jeune personne qui chantoit en s'accompagnant elle-même.

Comme elles avoient les yeux sur leur musique, elles ne remarquèrent point le marquis, et il eut le tems de considérer cette inconnue, qu'il jugea, à son habillement champêtre, devoir être celle que Dupuy lui avoit annoncée, mais qui lui parut infiniment au-dessus des louanges qu'il venoit de lui donner. C'étoit une beauté parfaite, blonde, sans tomber dans l'air fade qu'on leur reproche en général. Ses traits réguliers avoient une délicatesse qui augmentoit ses graces. Ses mains étoient faites en perfection et d'une blancheur éblouissante ; mais ce qu'il y avoit encore de plus flatteur, tant d'attraits ne paraissoient pas avoir plus de quinze ans. Le marquis, enchanté de cette belle fille, s'avança doucement ; s'appuyant sur le dos de sa chaise, il y auroit passé le jour en contemplation, pensant sur les espérances que Dupuy venoit de lui donner, qu'il alloit être possesseur de ses appas. Quand leur musique fut finie, elle leva les yeux sur le miroir, et fut extrêmement surprise d'apercevoir M. d'Astrel derrière elle. Elle abandonna le clavecin avec précipitation, et se leva en rougissant, voulant se retirer ; mais il la retint. Où voulez-vous aller, la belle enfant ? lui dit-il. Pourquoi cesser un si agréable concert ? Est-ce moi qui vous y force ? Je vous écoutois pourtant sans bruit et avec bien du plaisir.

Je n'ai pas mérité votre attention, monsieur, reprit-elle modestement ; mademoiselle de la Mothe a eu la bonté de me faire entrer chez elle en attendant le maître d'hôtel à qui j'ai affaire :

Tome I. B

et comme elle m'a vue jeter les yeux sur un livre de musique, elle m'a fait l'honneur de me demander si je la savois : voyant que j'en avois quelque teinture, et que je touchois un peu le clavecin, elle m'a fait la grace de me faire chanter avec elle ; mais, ajouta t-elle, je ne croyois pas être entendue, et le peu que je sais ne le mérite pas. Le marquis la contredit galamment, en lui donnant beaucoup de louanges : après quoi il lui demanda quelles étoient les affaires qu'elle avoit avec le maître d'hôtel, et s'il ne pourroit pas lui rendre service auprès de lui. Il est bien heureux d'être attendu par une si aimable personne, dit-il ; si j'étois à sa place, loin de lui donner la peine de m'attendre, je quitterois tout avec empressement pour courir à ses ordres.

Cette jeune fille lui répondit qu'elle étoit de Vincennes, et qu'elle fournissoit à la maison le lait, le fruit et les légumes ; que l'on avoit coutume de les payer tous les mois, ce jour étoit précisément celui du paiement ; qu'en arrivant elle avoit pris la liberté de venir saluer mademoiselle de la Mothe, en la priant de permettre qu'elle restât près d'elle pour attendre le retour du maître d'hôtel qui venoit de sortir. Quoi ! s'écria M. d'Astrel avec étonnement, vous êtes laitière et fruitière ? Est-il possible que votre sort vous ait placée dans un état si bas ? Ah ! il y a une injustice manifeste à cette disposition ; car, avec tant de charmes, vous méritez d'être dans

un rang distingué, et de voir l'univers à vos pieds.
Continuant sur ce ton, il lui dit mille douceurs,
qui, sans la flatter, la déconcertèrent entièrement.
Sur-tout elle rougit lorsqu'il parut étonné de la
voir réduite à vendre des légumes et du fruit, et
fut quelque tems sans répondre. Mais enfin s'é-
tant un peu remise : Je n'ai point été instruite, dit-
elle, à soutenir de pareilles conversations; ainsi,
monsieur, je ne puis vous dire rien autre chose,
sinon que la providence, qui m'a placée dans la
condition où je suis, m'en retirera si elle le juge
à propos ; et, en cas qu'elle m'y laisse, j'y resterai
sans murmurer.

J'y vis, ajouta-t-elle, avec autant de tranquillité que d'innocence; j'y suis satisfaite, et le plus
grand des chagrins qui m'arrivent, c'est lorsque
je suis obligée d'attendre ; mais les comptes que
j'ai à faire ici sont bien faciles à remettre, et ce
sera pour demain, parce que je ne pourrois rester aujourd'hui davantage sans que ma mère
fût inquiète de mon retardement : c'est pourquoi,
avec votre permission je vais me rendre auprès
d'elle.

Elle le salua, et voulut sortir ; mais mademoiselle de la Mothe, qui s'aperçut du plaisir que le
marquis prenoit à la voir, croyant qu'il étoit sans
conséquence de le favoriser dans cet amusement, dit à la petite marchande qu'elle la prioit
d'attendre encore quelques instans, parce que,
si elle partoit sans être payée, madame la marquise

se fâcheroit contre le maître d'hôtel, ayant coutume de se faire présenter tous les mois les comptes de la dépense de sa table; qu'elle devoit les examiner ce même jour, et qu'elle ne manqueroit pas de trouver mauvais qu'il eût laissé des articles en blanc, ajoutant qu'il ne pouvoit pas tarder.

Ces raisons n'auraient pas été suffisantes pour retenir la villageoise; les douceurs que lui disoit le marquis l'embarrassoient trop; et malgré les instances de mademoiselle de la Mothe, elle alloit partir quand le maître d'hôtel parut. Elle fut à l'office; et le marquis l'y ayant suivie, la vit remonter sur sa petite charrette d'osier, après avoir reçu son argent, sans daigner presque le compter, tant elle étoit pressée de partir. Il entra dans son appartement si charmé d'elle, qu'il ne pouvoit parler d'autre chose. Vous me devez bien des remercîmens, disoit Dupuy; je vous ai trouvé une jolie maîtresse. Elle est charmante, reprenoit le marquis; mais je ne sais encore si je pourrai l'apprivoiser, et si elle voudra m'aimer... Vous voulez, dit brusquement Dupuy, mettre en doute une chose qui n'en a point; parbleu! elle seroit bien délicate. Le marquis, accoutumé à plaire, n'eut pas de peine à se laisser persuader, et ne s'occupant que de l'espérance de la revoir, il attendoit le lendemain avec impatience, étant persuadé qu'il n'auroit qu'à parler pour être heureux.

Il avoit destiné cette journée à faire des visites,
et à chercher les anciens amis avec qui il avoit
fait ses exercices. Il en rencontra plusieurs, qui,
se connaissant tous, firent une partie pour aller
souper à la petite maison d'un d'entr'eux. Elle
étoit dans un des plus agréables faubourgs, et,
comme la liberté régnoit en ce repas, chacun
tourna la conversation suivant son génie; l'assemblée étant composée de jeunes cervelles, et
par hasard n'ayant ce soir-là point de dames, elle
roula entièrement sur leur compte. Les bonnes
fortunes vraies ou fausses n'y furent point épar-
gnées; chacun conta les siennes, ou en inventa.
On invita le marquis à parler de ses conquêtes
de voyage, et à dire son sentiment sur les femmes des différens pays d'où il venoit : il auroit pu
réciter beaucoup d'aventures galantes sans avoir
la peine de les inventer; mais on prenoit mal le
tems. Uniquement occupé de la belle laitière, il
ne parla que légèrement de toutes celles dont il
avoit été aimé, pour s'entretenir à son aise de
cette dernière dont il vouloit l'être, et leur dit
que ce même jour il venoit de trouver une petite
fille à bavolet, qui surpassoit ce qu'il avoit jamais vu de beau, ne leur cachant point ce qu'il
vouloit faire en sa faveur, et à quel point il
comptoit être heureux.

Ses amis le félicitèrent, l'applaudirent, enviè-
rent sa bonne fortune, et burent à la santé de la
belle. Une bonne partie de la nuit fut employée

à en parler, à délibérer du lieu où il la mettroit, de même que des ajustemens qu'il lui donneroit; car, sur la bonne foi de Dupuy et celle de son amour-propre, il ne vouloit pas douter un moment qu'elle n'acceptât ses bienfaits. Il ne put décider s'il lui établiroit d'abord un carrosse, dans l'appréhension que cette intrigue, venant aux oreilles de sa mère, ne lui déplût. Mais cette sage compagnie l'exhorta à se satisfaire, en lui représentant qu'il n'étoit plus un petit garçon, et que c'étoit gâter les parens que de leur donner la mauvaise habitude de dominer sur leurs enfans. Après cette belle décision, qui étoit passée d'une voix unanime, on se sépara; mais comme il étoit déjà grand jour quand le marquis se coucha, il ne put être levé assez tôt pour avoir ce jour-là sa chère laitière. Dupuy ayant veillé aussi tard que son maître, étoit aussi profondément endormi, et ne se souvenoit seulement pas qu'il y eût de laitière à Vincennes; de sorte qu'elle vint porter ses denrées, et se retira sans avoir aperçu le maître ni le domestique. Il est vrai qu'elle ne fut à l'hôtel que le tems qu'il lui fallut pour faire vider la charrette et qu'elle s'en retourna sans avoir cherché à voir mademoiselle de la Mothe, comme elle avoit coutume.

Lorsque le marquis fut éveillé, il fut extrême-ment mortifié d'apprendre qu'elle étoit partie; car il se flattoit que ses cajoleries de la veille l'au-roient engagée à rester plus long-tems, comptant qu'elle devoit être aussi satisfaite de le voir, que d'en être graciensée, et il pensa trouver mauvais qu'elle lui eût manqué de respect par ce départ précipité qu'elle devoit juger qui lui déplairoit.

Cependant, comme leurs conventions n'étoient pas encore faites, il calma un peu son dépit, et l'excusa sur l'ignorance où elle pouvoit être des bonnes intentions où il étoit en sa faveur ; mais son chagrin en retomba sur Dupuy, à qui il fit des reproches de ne s'être pas trouvé à portée de lui parler. Ce garçon, qui étoit ingénieux à inventer ce qui pouvoit flatter son maître, lui dit d'un air joyeux, que d'abord il avoit cru la petite fille plus simple, mais que ce tour d'adresse lui donnoit une opinion différente, et que l'affectation qu'elle avoit fait paroître en se retirant si vite étoit une preuve manifeste qu'elle entendoit finesse, comme la coquette la plus raffinée; qu'ayant compris qu'elle lui plaisoit, elle avoit pris le parti d'en user de la sorte pour l'enflammer davantage par les difficultés affectées.

Le marquis le crut facilement; mais il eut mieux aimé que cette jeune fille lui eût donné à *la franquette* les moyens de l'entretenir. Ce retardement lui donna de l'humeur contre Dupuy: il trouvoit, par réflexion, qu'il avoit eu grand tort d'avoir dormi, au lieu d'attendre le moment où elle devoit arriver. Mais, accoutumé aux vivacités de son maître, le domestique ne faisait que rire de cette colère, qu'il savoit bien ne devoir pas durer. Il lui promit pourtant de faire mieux sentinelle à l'avenir. Cette journée parut au marquis d'une longueur insupportable, et quoiqu'il l'employât à des plaisirs différens, il n'y eu eut aucun capable de le distraire du souvenir de la petite laitière; et, craignant que le second jour elle ne lui échappât, comme elle avoit fait la veille, il fut le premier levé de la maison. Il avoit déjà fait plus de deux mille tours dans son appartement, quand on vint, suivant ses ordres, l'avertir de son arrivée. Il courut à l'office avec empressement, où il la trouva avec le maître d'hôtel qui, pour obéir aux ordres de son jeune maître, l'amusoit en comptant le plus lentement qu'il pouvoit, les pièces qu'elle avoit apportées. Le marquis, feignant de s'y rencontrer par hasard, fit l'étonné et lui témoigna beaucoup de joie de la voir, tandis que le maître d'hôtel, qui s'aperçut qu'il désiroit de rester seul avec elle, supposa une nécessité d'aller parler à madame la marquise. Mais cette jeune fille, qui avoit attention à ses mouvemens, lui voyant faire celui de sortir, voulut absolument le suivre; et monsieur d'Astrel fit de vains efforts pour l'arrêter. Elle s'en seroit allée malgré ses supplications, si mademoiselle de la Mothe n'eût passé dans ce moment auprès de l'office.

Le marquis, voyant qu'il ne pouvoit la retenir que par le secours de la demoiselle de sa mère, l'appela. Elle entra; et saluant la belle villageoise, elle ralentit, par sa présence, le dessein qu'elle avoit de partir si promptement, et la fit consentir d'attendre que tout fût compté. Mais le marquis n'en fut pas plus avancé ; car elle répondit peu de chose à tout ce qu'il lui dit d'obligeant, ne parlant que pour témoigner l'impatience où elle étoit de s'en aller, en lui laissant comprendre sans équivoque que les douceurs du marquis l'embarrassoient, et que, loin de les trouver agréables, elles lui étoient infiniment à charge. Enfin, il se vit contraint de ne la pas retenir davantage, ayant beaucoup moins sujet d'être content de cette seconde entrevue qu'il n'en avoit eu de la première.

Dans le chagrin que cet événement lui causoit, il en fit ses plaintes à Dupuy. Je ne sais ce que cela veut dire, lui dit-il, mais j'appréhende de perdre mon tems auprès de cette petite fille. Il est peu de femmes à qui j'ai fait autant d'avances, sans les trouver portées à m'écouter par goût ou par curiosité, et même elles ont souvent fait la moitié du chemin, tandis qu'une simple paysanne semble être au désespoir de me voir. Eh ! monsieur, disoit Dupuy, ne voyez-vous pas que c'est un manége, et qu'elle sent qu'un peu de résistance vous animera ? Vous ignorez que la difficulté est la rocambole de l'amour. Dupuy avoit beau dire, le marquis ne trouvoit pas cette rocambole de son goût ; mais son valet-de-chambre lui tenoit des discours si flatteurs sur l'impossibilité qu'il y avoit sur ce qu'il fût malheureux en cette inclination, qu'il se laissa persuader, et qu'il résolut de persister dans son dessein en continuant ses empressemens auprès de l'aimable Flore; car il avoit appris qu'elle se nommoit ainsi.

Il ne manqua pas à l'attendre et à l'entretenir pendant plus de quinze jours. Mais il lui fut impossible de la voir seule, ni de lui parler plus long-tems que les momens employés à vider les divers paniers qui étoient sur sa charrette; à quoi elle aidoit avec une diligence qui réparoit la lenteur du maître d'hôtel et des officiers de cuisine, paroissoit plus embarrassée que contente de l'affectation du marquis à se trouver si exactement à son arrivée, et par ce moyen le séjour qu'elle faisoit en ce lieu étoit si court, qu'elle s'épargnoit la peine de lui répondre. Cette persévérance continuelle à l'éviter déconcerta le marquis. Il s'en plaignit amèrement à Dupuy, semblant avoir envie de se prendre à lui du peu de progrès qu'il faisoit auprès de Flore et du dessein de lui plaire qu'il lui avoit inspiré, en le lui représentant aussi aisé à exécuter.

Ce garçon, qui n'avoit jamais vu son maître si chagrin, ni si vif, craignant de perdre sa confiance s'il ne réussissoit pas, et regardant comme une affaire d'honneur le succès de celle-là, lui promit de lui faciliter un tête-à-tête avec Flore, et lui dit que ces sortes de personnes n'étant pas en droit d'exiger d'un homme comme lui les ménagemens qu'il devoit à une fille de qualité, il n'auroit qu'à lui faire des propositions d'une façon assez pressante et assez insinuante pour la déterminer, ne doutant point qu'elle n'en fût aussi éblouie que satisfaite ; qu'à la la vérité il avouoit que ce procédé n'étoit point conforme à la fine délicatesse ; mais qu'il n'en étoit pas question en cette occasion, et qu'il devoit faire réflexion qu'il lui conviendroit peu d'enrichir le roman d'Astrée d'un volume nouveau : qu'au pis aller, si elle étoit assez sotte pour refuser sa fortune, ce seroit tant pis pour elle ; puisqu'il seroit facile d'en trouver mille autres qui la vaudroient, et qui ne seroient pas si difficiles.

Ce beau raisonnement ne faisoit pas le compte du marquis. Son cœur commençoit à s'intéresser à l'aventure, sans qu'il s'en aperçût. Il vouloit bien la trouver assez délicate et assez peu vertueuse pour souffrir qu'il en fît la dépense pour elle et pour recevoir ses présens, mais il vouloit aussi lui plaire, et souhaitoit de ne pas devoir les faveurs qu'il en obtiendroit à la seule libéralité : au contraire, il désiroit qu'elle ne reçût ses bienfaits que parce qu'ils partiroient d'une main chérie. Cependant, cherchant à se consoler dans l'espérance d'en être aimé en secret, il se disoit, d'après Dupuy, que le peu d'empressement qu'elle lui témoignoit venoit moins de ce qu'il ne lui plaisoit pas, que de sa timidité, qui faisoit qu'elle étoit effrayée en se

voyant cajolée par un homme comme lui, attribuant à cette raison le silence qu'elle gardoit.

Il crut donc que , pour la déterminer et pour
l'apprivoiser, il étoit tems de joindre aux agrémens
de sa personne une preuve des avantages qu'elle
pouvoit tirer de sa générosité. La difficulté de
l'entretenir assez long-tems pour lui bien expliquer l'excellence des vues qu'il avoit pour sa
fortune, lui parut extrême; car elle étoit devenue
si farouche qu'elle n'entroit plus dans l'hôtel; et
qu'après avoir frappé à la porte, elle disoit au
premier domestique qu'elle apercevoit, d'avertir
à l'office que l'on vînt vuider ses paniers pendant
qu'elle iroit faire des emplettes; et quand elle ne
trouvoit personne à qui parler, elle laissoit sa
voiture en garde au Suisse, ne revenant que si
long-tems après, qu'il auroit été impossible de
dire que l'on n'avoit pas eu le tems de prendre sa
marchandise; mais le brave Dupuy, fertile en
expédiens, leva cette difficulté, en lui faisant
dire par le Suisse que mademoiselle de la
Mothe l'attendoit dans l'orangerie , ayant des
ordres à lui donner pour des fleurs dont elle
vouloit faire un bouquet pour madame la marquise dont la fête arrivoit le lendemain.

Flore, à qui tout étoit devenu suspect, balança
si elle iroit; mais comme ce lieu étoit éloigné de
l'appartement du marquis, qu'un laquais avoit
dit à son camarade , sans paroître songer à elle,
que son maître étoit rentré à six heures, qu'il

y en avoit à peine deux qu'il étoit couché, ce discours qui ne sembloit être fait qu'au hasard, faisant son effet, l'obligea d'entrer avec confiance où elle croyoit trouver la demoiselle, et où elle fut fort surprise de ne rencontrer que le marquis, que l'on venoit de dire qu'il étoit couché, sans y voir celle qu'elle cherchoit. Elle fit un cri en l'apercevant, et voulut sortir; mais il la retint, et la pria de l'écouter. A quoi cette jeune personne ne pouvant consentir, eut cependant la prudence de dissimuler une partie de la terreur que lui causoit cette aventure.

Que me voulez-vous, monsieur? lui dit elle. Que prétendez-vous que je vous réponde? et en quel lieu m'attirez-vous pour me parler? Je ne puis vous écouter, tant que je serai en cet endroit. Si quelqu'un m'y voyoit seule avec vous, je serois perdue. Laissez-moi sortir, ajouta-t-elle, et quand je serai dans le jardin, où nous serons à la vue de tout le monde, comme le hasard peut m'y avoir fait rencontrer avec vous, je vous écouterai à votre aise. D'Astrel voulut en vain la rassurer, et fermer la porte pour empêcher, disoit-il, que personne ne la vît; mais elle si opposa si fortement, et lui déclara que s'il persistoit en cette intention, elle alloit faire des cris qui feroient venir toute la maison à son secours.

Cette menace eut un plein succès : le marquis en fut effrayé, parce que l'appartement de sa mère étoit tout proche, et l'assura qu'elle n'avoit rien à craindre, puisqu'en l'attirant en ce lieu, il n'avoit eu d'autres intentions que de lui dire deux mots à son avantage, et que son unique dessein avoit été de lui apprendre qu'il l'aimoit à l'adoration, et qu'il avoit résolu de la rendre heureuse, en la tirant de la misérable situation où elle étoit; que pour lui prouver la sincérité de sa tendresse, il la vouloit mettre dans un bel appartement, lui donner des meubles, des bijoux, des domestiques et des habits à son choix, avec un beau carrosse. Et pour preuve que je vous parle de bonne foi, ajouta-il en tirant sa bourse, prenez ceci en attendant, pour arrhes de mes bons desseins. Il n'y a que cent louis; mais je vous promets en honnête homme de ne me pas borner à si peu de chose, et d'exécuter exactement la parole que je vous donne.

Quoique la jeune Flore ne l'interrompît point, elle ne l'en écoutoit pas plus attentivement, étant uniquement occupée du moyen de lui échapper; mais voyant qu'il ne seroit pas facile de sortir de l'orangerie sans faire un bruit qu'elle désiroit d'éviter, ignorant que le marquis ne l'appréhendoit pas moins qu'elle-même, elle prit le parti de dissimuler; et sans témoigner que foiblement son inquiétude, elle refusa cet argent, en lui disant qu'elle étoit moins intéressée qu'il ne le croyoit, et qu'elle ne lui demandoit rien autre chose que de lui permettre de passer dans le jardin, où ils pourroient parler aussi commodément, et où elle seroit moins alarmée. Il voulut envain la retenir, l'obliger au moins à recevoir sa bourse; il ne put obtenir ni l'une ni l'autre de ses demandes. Elle gagna enfin la porte, et à peine fut-elle dehors, qu'elle s'enfuit avec tant de précipitation, qu'elle tomba au milieu de la terrasse qu'il falloit passer pour arriver à la cour.

Mademoiselle de la Mothe parut en ce moment, et courut lui aider à se relever; elle s'étoit fait un peu de mal à une jambe; malgré cela elle vouloit partir sans s'arrêter pour y mettre remède, étant si en colère qu'elle fuyoit également tout le monde; mais cette personne lui fit tant d'honnêteté, lui jura d'un air si sincère qu'elle n'avoit nulle part à la supercherie qu'on lui avoit faite, qu'enfin Flore s'adoucit, et resta un moment avec elle. Pendant qu'elle lui demandoit des fleurs dont elle avoit véritablement affaire, Flore lui répondit qu'elle pouvoit compter qu'elle en auroit, mais que ce seroit sa mère qui les lui apporteroit, parce qu'elle ne vouloit jamais remettre le pied dans une maison où il n'y avoit pour elle ni repos ni sureté. Mademoiselle de la Mothe ne pouvoit blâmer sa colère; elle étoit véritablement innocente de cette aventure, et trop honnête fille pour y donner un lâche applaudissement : elle avoit dit la veille qu'elle vouloit parler à Flore pour le bouqu

de madame la marquise, et avoit donné ordre
qu'on l'avertit quand elle viendroit : ce fut sur ce
plan que le maître d'hôtel et les autres domestiques moins scrupuleux avoient projeté la supercherie qu'ils vouloient faire en faveur de leur
jeune maître.

Mademoiselle de la Mothe avoit bien eu la
complaisance pour le marquis de retarder le départ de Flore la première fois qu'il la vit, parce
qu'elle ne pensoit pas qu'il y eût aucune conséquence à lui donner cette petite satisfaction ; mais
ce n'étoit qu'en ignorant des desseins criminels,
qui se manifestoient trop alors pour qu'elle les
pût méconnoître. Elle avoit de la vertu, et étoit
digne de l'amitié et de la confiance de la marquise ; elle se proposa de faire une vive réprimande au jeune homme, de même qu'à tous
ceux qui trempoient dans le complot, rassurant
le plus qu'elle put la villageoise : elle lui promit
qu'elle n'auroit plus sujet de se plaindre de la
sorte, en lui apprenant que le marquis devoit
partir le même jour pour aller en Champagne
voir le commandeur d'Astrel, son oncle, d'où
il ne devoit revenir de quinze jours ; et elle lui
dit qu'elle pouvoit apporter les fleurs sans crainte
de le rencontrer.

Cependant Dupuy avoit toutes les peines ima-
ginables à consoler son maître ; il étoit étonné
qu'après tant d'expérience du pouvoir de l'argent
et des graces du marquis, l'un et l'autre

échouassent auprès d'une petite paysanne, et il se flattoit que, s'il parvenoit à lui parler, il la convaincroit de ses avantages : mais, pour y réussir, il auroit fallu l'entretenir à son aise, et il ne devait pas espérer de l'engager à l'écouter dans l'hôtel, où tout étoit devenu suspect à cette belle. Songeant donc à l'attirer dans une maison étrangère, il gagna la femme de charge, qui, étant fort intéressée, ne put résister à l'appas de quelques louis, et aux promesses qu'il lui fit de la part de son maître d'en recevoir de plus gros présens.

Elle achetoit souvent des fleurs et n'avoit point eu de part à la trahison qui venoit d'être faite à Flore, n'y ayant point paru. Cette jeune fille n'avoit nul sujet de s'en défier, et ne crut d'aucune conséquence de lui promettre d'aller avec elle au baptême de l'enfant d'une de ses amies, qui devoit se faire à la barrière de Charonne : elle disoit qu'elle seroit marraine. Il lui fut d'autant plus aisé de la faire consentir à cette partie, qu'ayant apporté les fleurs à mademoiselle de la Mothe, elle n'avoit vu ni le marquis ni ses gens, et qu'elle les croyoit partis, comme en effet il l'avoit feint pour tromper la demoiselle de sa mère, appréhendant qu'elle l'avertit de ce qui s'étoit passé, s'il s'obstinoit à inquiéter la jardinière : il est vrai que, pour obtenir la commodité de revenir sans qu'il y parût d'affectation, il ne dit point qu'il alloit chez le commandeur, mais à une partie de campagne :

qui ne durcroit que vingt-quatre heures au plus, et qui ne suspendroit que d'un jour son autre voyage.

Flore ayant ainsi donné dans le piége que la femme de charge et Dupuy lui tendoient, fut ravie de cette occasion de se divertir, la regardant sans conséquence, ce qui fit qu'elle s'en alla, après lui avoir donné sa parole de se trouver le lendemain matin dans la maison de l'accouchée, qu'elle lui avoit indiquée, et où elles devoient déjeûner avant que d'aller à l'église. Tout étant bien disposé, Dupuy, qui n'avait pas changé de sentiment sur le désintéressement de la paysanne, et qui ne doutoit point que ce refus ne fût un stratagême pour s'attirer de plus grandés libéralités, jugea que si on trouvoit le moyen de lui faire accepter les cent louis, en lui donnant des espérances encore plus fortes, elle seroit contente; et pour en faire l'épreuve, il fit cacher l'argent au fond d'un de ses pots au lait, parmi quelques bagatelles qu'elle avoit achetées pour remporter chez elle. Il pensoit que si elle le gardoit, comme il s'en flattoit, ce seroit un acheminement à ce qu'il désiroit : mais, au contraire, que si elle s'obstinoit à vouloir le rendre, il faudroit qu'elle vît le marquis, et que peut-être ce dernier entretien produiroit un meilleur effet que les précédens.

Il espéroit encore que si la mère voyoit cette somme, elle seroit moins scrupuleuse que sa fille, et qu'une telle libéralité lui feroit ouvrir les yeux sur l'avantage qu'elle y trouvoit; enfin, que de quelque façon que les choses tournassent, elles ne pourroient être que favorables à son maître. Tandis que Dupuy employoit tous les ressorts de son esprit à méditer ses beaux projets, Flore s'en alloit sans rien soupçonner, et sans se douter du trésor qu'elle emportoit, fort convaincue que le marquis avoit renoncé au dessein de la tourmenter, qu'il ne pensoit plus à elle.

Étant rendue chez elle, et se trouvant fatiguée, elle laissa le soin à sa mère et à la vieille Nicole, leur servante, de débarrasser sa voiture. Cette première ayant voulu vider ce qui étoit dans le pot au lait, fut extrêmement surprise d'y trouver la bourse du marquis; elle la montra à sa fille, qui la reconnut à l'instant, et qui ne fut pas moins étonnée, après s'être flattée que c'étoit une affaire finie.

Elle lui avoua toute l'histoire, en disant qu'elle n'avoit osé lui en parler de peur de lui faire de la peine, croyant avoir répondu aux persécutions de M. d'Astrel d'une façon suffisante pour les faire cesser sans lui en donner l'inquiétude, regardant comme une nécessité presqu'indispensable qu'elle continuât à porter leurs denrées à l'hôtel d'Astrel tant que la maladie de Nicole dureroit. Cette domestique s'étoit blessée à une épaule en voulant porter dans le jardin une charge trop lourde, et, depuis trois semaines qu'elle n'avoit pu aller à Paris, Flore avoit été contrainte de marcher à sa place. Cette mère, nommée madame Maronville, fut si touchée du récit de sa fille, qu'elle ne put retenir ses larmes en pensant aux affronts où la mauvaise fortune exposoit les personnes les plus vertueuses, en rendant toutefois assez de justice à la jeune personne pour être persuadée qu'elle ne s'étoit pas attirée cette insulte par sa mauvaise conduite. La pauvre Nicole, aussi mortifiée que la mère et la fille, les consoloit de son mieux, en leur disant que cela n'arriveroit plus, puisqu'avant le retour du marquis, elle seroit guérie et en état d'aller à Paris pour épargner à Flore la peine de *fréquenter* plus long-tems cette dangereuse maison; mais elle ajouta qu'il étoit pourtant nécessaire qu'elle y fût encore quelques jours, afin de ne point perdre cette *chalandise*, où, en prenant généralement toutes leurs marchandises, on les délivroit de l'embarras et de la fatigue de les crier par les rues; qu'il étoit vraisemblable que cet argent étant mis dans ses pots, le dernier ordre que le marquis avoit donné en partant seroit aussi la dernière persécution que Flore recevroit pendant son absence.

La nécessité de suivre l'avis de Nicole dans la saison de l'année qui produisoit le plus, et où chaque denrée veut être consommée aussitôt que cueillie, contraignit madame Maronville à consentir à cet arrangement; mais quand sa fille lui eut appris qu'elle avoit promis à Marie-Anne, la femme de charge, de faire une promenade le lendemain avec elle, quoiqu'elle lui expliquât bien clairement que ce ne seroit pas à l'hôtel, dans une maison particulière, qui étoit fort éloignée; cette femme, qui avoit de l'esprit et beaucoup plus d'usage du monde que sa condition ne sembloit en annoncer, envisageant en cette partie un mystère qui étoit échappé à la pénétration de Flore, et le joignant à l'accident de la bourse, elle fit, sur le hasard de ce prétendu baptême, des réflexions qui ne s'étoient point présentées à cette jeune personne; ne doutant pas que ce ne fût une partie préméditée, elle résolut de ne lui en point laisser courir les risques.

Flore n'étoit pas fille unique; madame Maronville avoit encore un fils de vingt ans, à qui la nature, plus favorable que la fortune, avoit donné toutes les perfections qui dépendoient d'elle; sa mère ayant cultivé les heureuses dispositions de son cœur, la bassesse de son état n'influoit point sur ses sentimens : il n'en avoit que de nobles, et il ne put apprendre sans courroux les efforts que l'on faisoit pour séduire sa sœur; ayant sur cette partie les mêmes pensées que sa mère, non seulement il la supplia d'empêcher Flore de jamais retourner dans un endroit si pernicieux, mais encore de ne pas permettre qu'elle conservât aucun commerce avec des domestiques qui sans doute étoient tous corrompus, et qui ne se seroient pas fait un scrupule de la sacrifier aux désirs de leur maître, ajoutant, avec émotion, que tout la devoit porter à suivre ses avis, parce qu'outre le danger évident qu'elle pouvoit envisager pour sa fille, il y en avoit pour lui d'une autre espèce ; jurant que si on faisoit quelqu'insulte à sa sœur, rien ne seroit capable de l'empêcher d'aller poignarder le marquis, fût-il environné d'une armée.

Madame Maronville, blâmant l'emportement de son fils, sans pouvoir blâmer sa colère, lui avoua que ses idées étoient conformes aux siennes, et l'assura que Flore n'iroit point à ce baptême, vrai ou supposé. Elle n'eut pas de peine à faire consentir sa fille à ne pas s'y trouver : elle frémit du danger où sa simplicité avoit pensé la précipiter. Maronville, dont la fureur augmentoit avec les réflexions, dit qu'il iroit à sa place, qu'il meneroit un commissaire rendre visite à cette accouchée ; enfin qu'il demanderoit une justice publique de cet infâme attentat. Mais sa mère, moins jeune, moins violente et plus prudente, calma un peu sa pétulance : elle le retint, en disant qu'elle-même iroit, qu'elle y reposeroit la bourse avec moins d'éclat, étant presque sûre d'y trouver le marquis, et se proposant de l'engager, par l'inutilité de ses démarches, à cesser d'en faire, sans l'exposer à l'affront de le compromettre avec la police. Ces ménagemens étoient peu du goût de Maronville, mais y voyant sa mère absolument déterminée, il fut contraint de céder. Elle partit le lendemain à l'heure marquée, arrivant précisément au lieu du rendez-vous sur les sept heures du matin, suivant la promesse de sa fille. Elle n'eut aucune peine à trouver la maison, sur les enseignes que l'on en avoit données par écrit à Flore.

Le conseil assemblé contre la petite personne étoit convenu, en l'attendant que, pour ne pas l'effrayer, le marquis ne paroîtroit que vers le milieu du déjeûner, qui devoit être délicat, où l'on auroit soin d'avoir sur-tout des liqueurs fines, et les plus promptes à monter à la tête. On convint aussi que si elle demandoit à voir l'accouchée ou l'enfant, on diroit que la mère dormoit avec son poupard, et qu'on ne pouvoit pas sitôt entrer dans sa chambre. Madame Maronville étant arrivée entre deux paniers, (sur un petit cheval, dans un lieu où on ne l'attendoit pas, et où on la désiroit encore moins, ne trouva que Dupuy et la femme de charge. Ils n'avoient pas compté sur elle; mais comme ils espéroient voir arriver Flore, ils la prirent pour sa fille en la voyant arriver de loin : le couvert étoit mis d'avance, on servit le déjeûner dès qu'elle parut, et ils coururent avec empressement au-devant d'elle. Comme madame Maronville avoit sa coiffe sur les yeux, et qu'elle avoit affecté de s'habiller à-peu-près comme Flore, Dupuy et Marie-Anne ne s'aperçurent de leur méprise que quand elle fut à terre, où ils lui aidèrent à descendre. Jamais la tête de Méduse n'eût pu produire un effet plus prompt. Ces deux personnes restèrent immobiles en voyant la mère ; elles espèroient trouver la fille , et ne savoient que lui dire. Mais sans leur faire connoître qu'elle voyoit leur embarras, elle leur dit que Flore s'étant trouvée incommodée , et sachant qu'elle s'étoit engagée d'accompaguer mademoiselle Marie-Anne à un baptême, elle étoit venue à sa place pour avoir cet honneur.

Marie-Anne ne savoit que répondre à ce compliment, et son air interdit auroit suffi pour convaincre madame Maronville de ses soupçons, s'il lui en eût encore resté. Mais Dupuy, que son sexe rendoit plus hardi, ainsi que l'habitude qu'il avoit aux intrigues, se remit plus facilement. Il la remercia d'un air satisfait de la voir ; mais il lui dit que l'enfant s'étoit trouvé si mal la veille, que l'on n'avoit eu que le tems de le baptiser sans cérémonie, étant mort une heure après, et que la mère étoit fort mal aussi, ne pouvant voir personne. Il ajouta que ce contretems avoit si fort occupé tous ceux de la maison, qu'ils n'avoient pas songé à le leur envoyer dire : c'est pourquoi, continua-t-il, nous qui l'ignorions, sommes venus sans savoir cet accident ; et le déjeûné que j'avois commandé pour toute la compagnie étant arrivé, nous le mangerons à nous trois ; il ne nous en coûtera rien de plus, puisqu'il est payé.

Il lui dit encore, en affectant un air galant, où la contrainte paroissoit malgré son adresse, qu'il étoit fort touché du mal de mademoiselle Flore, mais qu'il s'en consoloit plus facilement, puisqu'il avoit l'honneur de la voir, et de faire connoissance avec elle. Après quoi, étant sorti sous un léger prétexte, il fut instruire son maître de ce fâcheux contre-tems. Le marquis en fut au désespoir ; mais son valet-de-chambre, qui savoit tourner tout à son avantage, lui représenta d'un ton joyeux, que, loin de s'affliger, il avoit tout sujet de se réjouir de l'amitié de cette femme, qui, sans doute éblouie par l'espoir d'un gros profit, n'étoit venue que pour faire ses conditions. Ce préjugé, que Dupuy faisoit passer pour une certitude, rendit la bonne humeur à son maître. Il l'envoya se remettre à table, et parut un moment après, feignant, en arrivant de campagne, d'être entré par cas fortuit chez ces gens qu'on disoit être des palfreniers de la marquise. Il parut fort content d'être venu en cette occasion, et dit en riant qu'il n'étoit point d'heure plus commode pour arriver que celle d'un bon repas, ajoutant qu'il mangeroit un morceau avec Marie-Anne et sa compagnie ; mais, ne voulant troubler personne, il ordonna à Dupuy de se rasseoir, n'étant pas juste, disoit-il, de mettre hors du logis *l'Amphitrion où l'on dîne.*

Il fut, pendant tout le repas, d'aussi bonne

humeur et aussi familier que s'il eût été avec ses
égaux. Il fit sur-tout cent politesses à madame
Maronville, qu'il se fit nommer, feignant ne
pas la connoître. Il la servoit avec empressement,
en la félicitant d'avoir une fille si aimable ;
ensuite lui parlant d'elle-même , il lui dit des
douceurs sur sa beauté et sur son air gracieux ,
qui, disoit-il, sentoit la personne de qualité.
Ces louanges n'étoient presque pas déplacées ;
car en effet Flore n'avoit d'avantage sur sa mère
que celui de la jeunesse. La manière dont cette
femme écoutoit toutes les galanteries du marquis
sembloit lui donner à entendre qu'elle attendoit
quelque chose de plus. Il s'en aperçut et en tira
un bon augure. Pour commencer à lui parler de
Flore, il lui demanda comment, étant à la
campagne et avec aussi peu de moyens que sa
profession en annonçoit , elle avoit pu faire
apprendre la musique à sa fille dans la perfection
où elle la savoit , sur-tout l'accompagnement,
qui n'étoit pas l'ouvrage d'un jour, ni un exercice de village. Madame Maronville lui répondit
qu'elle ne vendoit pas du lait et des légumes
lorsque Flore étoit née ; que son père avoit eu
du bien, mais qu'ayant été ruiné par un fatal
événement , et étant mort presqu'aussitôt
après ces pertes, elle s'étoit trouvée trop heureuse d'être recherchée par un homme de campagne, qui lui avoit aidé à acheter un asyle, où
elle vivoit avec ses deux enfans et une vieille

servante : que son homme étant mort et cette domestique étant tombée malade depuis quelques semaines, elle s'étoit vue obligée d'envoyer Flore porter à l'hôtel les produits de son jardin que son fils cultivoit, et celui de ses vaches dont elles avoient soin ; que c'étoit en quoi consistoit son revenu, qui n'étoit pas suffisant pour faire une figure fort éclatante, mais assez considérable pour les entretenir tous trois honnêtement dans l'état borné où il avoit plu au ciel de les mettre.

A ce détail, qui sembloit fait exprès pour donner au marquis le moyen de s'expliquer, Dupuy se félicita d'avoir deviné les sentimens de cette femme, et le marquis ayant eu la même pensée, saisit l'occasion pour lui dire obligeamment qu'elle mériteroit un autre sort ; qu'il ne tiendroit qu'à elle d'en changer. Alors voyant qu'elle l'écoutoit sans témoigner avoir dessein de l'interrompre, il continua à lui faire les offres qu'il avoit faites à sa fille, lui expliquant de la façon la plus avantageuse et la moins effarouchante qu'il put imaginer, les vues et les desseins qu'il avoit pour Flore. Quoique les regards fixes qu'elle jetoit sur lui le déconcertassent quelquefois, cependant il continuoit, parce qu'elle sembloit l'écouter attentivement, et même réfléchir à ce qu'il disoit.

Cette apparence lui persuadant qu'elle approuvoit son projet, l'enhardit à lui répéter les avantages qu'elles trouveroient l'une et l'autre dans l'amitié et la protection d'un homme comme lui, qui alloit les faire passer de la misère à une extrême opulence. Après avoir redit à son aise plusieurs fois la même chose, il attendoit une réponse ; et, commençant à s'impatienter du silence qu'elle gardoit, il cessa de parler, la regardant à son tour sans rien dire. Pendant cette scène muette, Dupuy, s'imaginant que sa présence empêchoit cette femme de s'exprimer, suivit Marie-Anne, qui, dès le commencement du discours du marquis étoit sortie de table sous quelque prétexte. Ils restèrent seuls, sans que madame Marouville en témoignât plus de joie ou d'embarras. Mais enfin, son silence ayant assez duré pour donner au marquis le tems de se désabuser sur la facilité dont il l'avoit crue capable, elle cessa de se taire, et prenant la parole : Ne croyez pas, monsieur le marquis, lui dit-elle, que j'aie perdu un mot de tout ce que vous avez bien voulu me dire. Je ne vous dirai point que c'est la surprise qui m'a empêchée de répondre ; car je vous avoue que je m'attendois à-peu-près à ce que vous m'avez fait entendre, et que j'étois persuadée que je vous trouverois ici ; mais j'ai cru devoir ne vous point interrompre pour vous donner le tems d'expliquer vos intentions sans nul détour, afin de pouvoir de même vous faire entendre les miennes.

Vous n'avez, je crois, ajouta-t-elle, rien de

plus à me dire, et je puis à présent vous répondre ? Non, dit le marquis un peu ému, et j'espère en avoir assez dit pour vous convaincre des intentions favorables que j'ai pour vous. Eh bien ! je commencerai donc, poursuivit-elle, par convenir qu'il y a quelque chose de naturel dans votre façon de penser. Je ne trouve pas étrange que vous vouliez faire de Flore une fille entretenue : la dépravation des mœurs fait que le même honneur qui oblige les femmes à la vertu, porte votre sexe à en manquer avec scandale, sans que la réputation des hommes en soit tachée; ainsi, n'étant point en situation de corriger cette affreuse licence, je ne prendrai point la peine inutile de la combattre par une morale déplacée : au contraire, suivant ce principe, quoique je sois mère, je ne me piquerai point d'une modestie qui ne seroit pas moins hors de sa place, et je conviendrai naturellement que vous ne pourriez trouver une personne qui valût mieux la peine de vous amuser. Les intentions que vous m'avez témoignées ne m'obligent pas à en avoir moins d'estime pour vous, qui, entraîné par la contagion de l'exemple, ne faites rien en cette occasion que ce que tout autre feroit à votre place et à votre âge : ce n'est point non plus pour vous faire des remontrances, qui seroient à contre-tems, n'ayant aucune autorité sur vous, ni pour vous offrir des conseils que l'usage du monde et ma condition rendroient inutiles, que je suis venue ici, et je ne vous ai donné le loisir de me déclarer vos préten- tions que pour vous avertir avec sincérité que vous perdriez votre tems auprès de ma fille, et pour vous protester qu'elle n'est pas plus tentée que moi de profiter de ce que vous nommez vos bonnes intentions : nous n'avons rien à sou- haiter dans l'état borné où nous sommes ; la façon dont elle a répondu à l'éducation que je lui ai donnée me fait connoître, avec satisfac- tion, qu'elle préféreroit le cercueil au déshono- rant bonheur que vous croyez lui faire ; quant à moi, qui l'aime si tendrement que je donnerois mes jours pour conserver les siens , je vous jure que je ne balancerois point à consentir à sa mort plutôt que de la voir profiter d'une fortune aussi indigne que celle que vous lui offrez.

Croyez-moi , monsieur le marquis , ajouta affectueusement madame Maronville, profitez de mon avis : et sans vous amuser à tenter une chose impossible, adressez-vous à des cœurs moins nobles et de meilleure composition, vous en trouverez assez ; mais laissez en repos d'hon- nêtes personnes, qui ne demandent de vous que la grâce d'en être oubliées. J'ajouterai, dit-elle encore, qu'en vous déclarant mes sentimens, je vous annonce aussi ceux de Flore. C'est de sa part que je vous rapporte la bourse que vous lui avez offerte dans votre orangerie, et qu'elle trouva hier dans son pot au lait. Nous vous en rendons grâce ; car, sans cette imprudence, qui nous a fait ouvrir les yeux, elle seroit venue aujourd'hui accomplir la promesse qu'elle avoit faite à mademoiselle Marie-Anne. étant persuadée que vous étiez absent, et que vous... avez fait les premières démarches, qui l'avoient alarmée, que comme un jeune seigneur qui veut se réjouir à inquiéter une petite fille de campagne, sans avoir le dessein de pousser les choses à l'extrémité, ne pouvant croire qu'une fille qui a l'honneur d'appartenir à madame la marquise d'Astrel, pût avoir l'ame assez basse et assez noire pour se prêter à cet infame mystère.

En finissant ce discours, elle se leva, posa la bourse sur la table, et sortit en le saluant d'un air si fier et si grave, qu'il n'osa lui répondre, ni la retenir; et rencontrant Marie-Anne et Dupuy qui rentroient, elle jeta sur eux un coup-d'œil d'indignation qui leur fit baisser les yeux avec la dernière confusion. Ce trait leur fit connoître, que loin que le marché fût conclu, comme ils l'avoient jugé à la tranquillité dont ils entendoient parler de la chambre prochaine, sans distinguer les paroles, qu'au contraire rien n'étoit plus éloigné.

Malgré l'étonnement et le chagrin de monsieur d'Astrel, il crut indigne de lui de reprendre cette fatale bourse, et il courut à la fenêtre la jeter dans un des paniers du cheval de madame Maronville; mais, puisqu'il eût fait cette action avant qu'elle fût dehors, et qu'elle ne l'eût vue tomber, soit par hasard, ou qu'elle s'en doutât, elle chercha dans la paille ; et, l'ayant trouvée, pour ne pas perdre le tems à la reporter, elle la jeta dans la cave par le soupirail, s'éloignant à la hâte de ce lieu. Ce fut alors que le marquis demeura immobile ; un désintéressement si rare, sur-tout en une personne de cette condition, le désespéroit. Le fameux Dupuy ne savoit lui-même où il en étoit ; mais, quoique cette fermeté ralentît son espoir, il ne laissa pas d'en vouloir donner à son maître plus qu'il n'en conservoit lui-même. Voulant le flatter, il essaya de lui persuader que ce n'étoit qu'un tour d'habile femme ; ce refus étant, disoit-il, une adresse pour faire mieux valoir les complaisances qu'elle auroit par la suite. Mais les diverses espérances dont il l'avoit déjà leurré, et qui avoient toujours été confondues, rendoient le marquis un peu incrédule. Cependant il lui promit d'un ton si affirmatif qu'il travailleroit avec tant d'adresse qu'il feroit réussir leur dessein, que son maître, se laissant encore flatter du succès qu'il désiroit ardemment, s'appaisa par ses promesses.

Dupuy, qui savoit que madame Maronville demeuroit près de Vincennes, y fut : il n'eut pas de peine à se rendre à sa maison. Il la trouva simple, mais propre et rangée ; il entra dans une salle basse et carrelée, où étoient la mère et la servante, occupées à mettre en ordre les crèmes qui devoient être portées le lendemain à Paris. Les deux enfans de madame Maronville apportoient les fruits et les légumes dans des corbeilles, tandis qu'elle les arrangeoient. La présence de Dupuy les surprit, et Maronville, à qui il étoit inconnu, lui demanda ce qu'il vouloit. Quoique ce jeune homme lui eût fait cette question d'un air assez doux, il n'osa lui dire le sujet de son ambassade, et prétexta sa visite de quelque chose dont il supposoit que le maître d'hôtel l'avoit chargé. Mais, comme il eut sa réponse en bref, voyant que la conversation ne pouvoit être prolongée avec des personnes si laconiques, il fut obligé de prier madame Maronville de passer dans le jardin, ayant un mot à lui dire en particulier. Elle le suivit sans lui répondre, mais avec un air qui lui fit presque désespérer de tirer aucun fruit de son voyage. Cependant, résolu à tenter tous les moyens, il s'encouragea ; et se voyant seul avec elle, il lui représenta l'aventure du matin, en lui peignant l'amour extrême que son maître avoit pour la charmante Flore ; lui représentant, avec tout le pathétique dont il étoit capable, le tort qu'elle feroit à ses enfans si elle persistoit à refuser les bienfaits d'un jeune seigneur aussi généreux, et qui avoit des intentions si favorables pour leur avancement. Je sais, continua-t-il, que vous pouvez m'objecter que cette faveur, dont je vous vante les agrémens, peut cesser aussitôt que son amour sera satisfait, et qu'une telle fortune auroit trop peu duré pour être fort avantageuse ; mais il seroit facile de vous l'assurer pour long-tems ; premièrement, en recevant mauuellement mille louis, et la bourse que vous avez refusée. J'ai ordre de vous prier de permettre que je les apporte demain au matin ici, en prenant votre moment pour vous faire signer l'acquisition d'une maison qui sera payée quarante mille livres comptant, que vous choisirez en quel quartier de Paris il vous plaira : elle sera meublée à proportion, et mon maitre ne demande à être reçu chez vous comme ami, que quand vous aurez fait une expérience certaine qu'il en mérite le nom. Enfin, pour terminer, au lieu de laisser votre fils au triste métier de laboureur, je vous offre, de la part de mon maître, une protection assez puissante pour le faire parvenir à tout ce qu'il voudra entreprendre.... Allons, madame Maronville, rendez-vous à tant d'avantages, dit-il en lui tendant la main d'un air aisé, et ne sacrifiez pas votre vrai bonheur à une chimère qui n'est non plus d'usage à présent que les *pourpoints du roi Guillemot.*

Quoique le sang-froid dont madame Maronville avoit écouté le marquis le matin n'eût pas produit un grand effet, Dupuy se laissa encore abuser aux apparences de celui qu'elle faisoit paroître, et il fut entièrement convaincu du succès de sa harangue par sa réponse, qui fut sans aigreur. Elle lui dit tranquillement que le parti qu'il lui proposoit intéressant encore plus ses enfans qu'elle-même, il ne lui convenoit pas de décider sur un tel sujet sans savoir leur intention; qu'il falloit les consulter, et qu'elle les aimoit trop pour s'opposer à ce qui pouvoit leur être avantageux, et à ce qu'ils auroient déterminé. A ces mots elle les appela. Le jardin n'étoit pas assez vaste pour qu'elle eût de la peine à se faire entendre. Ils vinrent à sa voix. Madame Maronville ayant engagé Dupuy à répéter les mêmes propositions, qu'il assaisonna de tout ce qui pouvoit les rendre brillantes, leur mère y ajouta qu'elle ne les contraignoit point: qu'ils pouvoient expliquer librement leurs sentimens, et être certains qu'elle s'y conformeroit avec plaisir.

Flore, parlant la première, dit à sa mère, d'une voix modeste, accompagnée d'un regard où on voyoit la contrainte qu'elle se faisoit pour ne pas pleurer, qu'elle n'avoit jamais eu que des sujets de se louer de ses bontés; mais qu'en cette occasion elle ne pouvait s'empêcher de se plaindre de ce qu'elle s'en relâchoit, en l'exposant au désagrément d'entendre des propositions si indignes, ajoutant qu'elle seroit flattée d'en être assez connue pour qu'elle eût pu répondre à un aussi insolent propos, sans avoir besoin de la consulter, devant rendre assez de justice à sa fille pour ne pas la croire capable de se démentir de l'éducation qu'elle lui avoit donnée.... Ses larmes, retenues jusques-là avec peine, s'échappant alors, l'empêchèrent d'en dire davantage.

Madame Maronville l'embrassa, et regardant Dupuy en souriant, elle dit doucement à Flore, qu'elle n'avoit pas douté de ses sentimens, mais qu'elle avoit été bien-aise de les lui faire expliquer sans l'avoir prévenue, afin de ne pas laisser croire qu'elle n'étoit vertueuse que par contrainte. Cependant le jeune Maronville n'attendit pas que sa mère lui ordonnât de parler à son tour, et prenant la parole avec une vivacité qui approchoit fort de l'emportement : Va, infame trafiqueur, dit-il à Dupuy, va chercher des malheureuses dignes de tes conseils et de tes offres; laisse en paix une fille de vertu, et rends graces à la présence de ma mère; le respect que j'ai pour elle retient mon courroux; sois sûr que sans cela je te paierois de tes peines d'une façon dont tu ne perdrois jamais le souvenir. Mais, ajouta-t-il en élevant la voix, n'abuse pas de ma patience, retire-toi promptement : pour prix de tes conseils, profite du mien, et n'y reviens pas ; car si je te revois ici; jure qu'il n'y a point de considérations capables de m'empêcher de te punir de l'outrage que tu nous fais.

Si le tonnerre fût tombé aux pieds de Dupuy, il ne seroit pas resté plus épouvanté : il auroit voulu répliquer; mais la fureur qui paroissoit dans les yeux du jeune homme, lui interdisoit la parole, d'autant qu'il tenoit à la main un outil de jardin dont il gesticuloit d'une façon qui n'aidoit pas à rassurer M. l'ambassadeur, qui, sans perdre plus de tems à des discours qui pouvoient lui devenir funestes, crut que le meilleur parti seroit de se retirer et de prendre le chemin de la porte, que Marouville lui montroit avec sa bêche. Quoique l'espace en fût court, et que la mère, pour le garantir des vivacités de son fils eût, jugé à propos de l'accompagner, le chemin lui parut fort long; et il fut extrêmement soulagé en se voyant hors de cette maison sans accident.

Il regagna Paris, fort consterné et fort en peine de ce qu'il diroit au marquis: car il n'y avoit plus moyen de traiter cette résistance de feinte. Il balançoit s'il se rendroit auprès de lui: mais il n'eut pas long-tems à délibérer, car il le trouva à la porte Saint-Antoine; son impatience l'ayant amené au-devant de lui avec autant d'empressement à le revoir, que lui en avoit peu de le rencontrer. Il se contraignit pourtant, et, cachant son chagrin, il affecta un air assez gai. Ma foi, monsieur, dit-il, je ne vous apporte que de mauvaises nouvelles, et j'ai fort mal réussi; mais je ne puis envisager ce contre-tems comme un malheur, car je croyois que nous avions affaire à des villageoises innocentes, et je n'ai trouvé que des folles brutales. Je leur ai fait des offres capables de tenter une princesse; mais, au lieu de me remercier, elles m'ont accablé d'injures, ainsi qu'un grand pendard, soi-disant frère de Flore, et qui a beaucoup l'air d'un coupe-jarret; ce drôle m'a fait des raisonnemens dignes des petites-maisons; et, si je

Tome I. E

n'avois pas eu peur de vous déplaire, je lui aurois appris à parler à un homme qui a l'honneur de vous appartenir. En vérité, continua-t-il, vous ferez bien d'abandonner des mauans dont la stupidité est assez grande pour ne pas connoître leur avantage et l'honneur que vous leur vouliez faire. Pour moi j'en suis ravi, car ces gaillardes vous auroient ruiné avec leur prétendue vertu : c'est une petite perte qui sera aisée à réparer. Dupuy finit par un éclat de rire.

Le marquis ne trouvoit pas ces raisons de son goût; et ne voyant rien de plaisant dans cette aventure, loin d'en rire comme son valet-de-chambre, il fut véritablement affligé de se voir annoncer si positivement la perte de ses espérances. Il s'en prit à son mercure, en lui disant qu'il ne leur avoit pas assez fait connoître les avantages qu'elles négligeroient : il lui reprocha encore que c'étoit lui qui l'avoit engagé à se flatter du succès de cette affaire comme d'une chose certaine. Si tu ne m'avois pas empoisonné l'esprit de tes fausses maximes, lui disoit-il, et qu'elles ne m'eussent point persuadé qu'il n'y avoit aucune vertu chez les femmes, je ne me serois pas abandonné au frivole espoir qui m'a séduit, et je ne serois pas aussi malheureux que je vais l'être.

Pouvois-je deviner que le phénix ne fût point un être fabuleux, et qu'il nous étoit réservé de le trouver disoit ce domestique; il auroit fallu être sorcier pour le prévoir. Mais, après tout, mousieur, poursuivit-il, vous vous fâchez de peu de chose, et vous devriez au contraire en être bien aise, puisque ce contre-tems servira à vous dégager : au lieu que, du caractère dont je vois que ces créatures sont, elles auroient été capables de vous mener peut-être plus loin que vous n'auriez voulu. C'est bien avec un homme comme vous, continua-t-il d'un ton imposant, qu'il convient à des paysannes de penser à être sages, à prétendre qu'il leur fasse l'amour en héros de roman ! Au reste, continua-t-il d'un air méprisant, si cette fille est un phénix pour l'humeur, elle ne l'est pas assurément en beauté, et elle ne la doit qu'à sa grande jeunesse.

D'Astrel, qui étoit déjà courroucé contre son valet-de-chambre, s'emporta tout-à-fait à ce dernier trait. Monsieur Dupuy, lui dit-il avec aigreur, a le goût aussi délicat que le discernement juste : il m'a porté à offenser des personnes sages par une proposition indigne : il voudroit à présent m'aveugler, en m'obligeant à croire Flore aussi laide qu'il me l'avoit représentée facile. Je me repens sincèrement d'avoir suivi vos mauvais conseils, et de n'avoir pas regardé d'abord cette entreprise comme une chose impossible..... Eh bien ! il est encore tems, s'écria Dupuy : que ne le faites-vous à présent ; vous êtes tout à propos dans le cas de prendre ce sage parti. Le marquis tout en colère, ne trouvant point cette proposition à son gré, lui ordonna de se taire, et lui fit ce commandement d'un ton si fier, qu'il en fut effrayé : n'osant plus parler, il le laissa rêver et se promener sans lui rien dire. Le marquis ne vouloit pas sortir de sa chambre ; mais madame d'Astrel, qui ignoroit sa situation, lui envoya demander comme il se portoit, et lui fit dire que s'il étoit incommodé, elle iroit manger dans son appartement ; ce qui l'obligea d'aller la trouver. Elle fut alarmée de la tristesse qui paroissoit sur son visage, et, le croyant malade, lui en témoigna son inquiétude, sur quoi il la rassura le mieux qu'il put ; mais, malgré ce qu'il lui dit, cette tendre mère, appréhendant que ce ne fût un commencement de maladie, le congédia de bonne heure, persuadée que c'étoit la fatigue et le plaisir que ses amis lui procuroient qui le mettoient en cet état, sachant qu'il avoit passé à table plusieurs nuits depuis son retour, joint au long voyage qu'il avoit fait, elle craignoit, avec raison que sa santé n'en fût altérée, et, pour y remédier, elle l'invita de s'aller mettre au lit. Il profita de la liberté qu'elle lui en donnoit, mais ce ne fut pas pour dormir : il étoit bien éloigné de pouvoir goûter du repos ; l'idée de sa villageoise le tourmentoit. Mais, après avoir fait de vains efforts pour l'oublier, connoissant l'impossibilité d'exécuter un si sage projet, il résolut d'en faire sa maîtresse à quelque prix que ce fût, passant ainsi la nuit, en sorte que le lendemain le trouva dans cette disposition, et sans avoir pu fermer les yeux. Il se leva pour aller travailler à l'exécution de son projet, sans pourtant savoir quel moyen il y pourroit employer.

Madame d'Astrel, qui sentoit pour son fils une tendresse sans bornes, faisant réflexion à son chagrin, et se souvenant qu'il l'avoit assurée qu'il n'étoit pas malade, s'imagina que depuis qu'il étoit à Paris il pouvoit avoir trouvé quelqu'un qui, par imprudence ou par malice, avoit représenté à ce jeune homme que, n'ayant point de bien par lui-même, sa mère ne seroit peut-être pas d'humeur à lui fournir de quoi vivre agréablement, ou qu'elle lui feroit payer les dépenses qu'elle lui permettoit de faire par une soumission ou même par un esclavage affreux dans les égards qu'elle exigeoit de lui; que, malgré l'éloignement qu'elle avoit toujours témoigné pour un second mariage, elle seroit capable de se remarier pour le punir de la moindre résistance qu'il apporteroit à ses volontés.

Ne doutant point d'avoir deviné le véritable motif de sa tristesse, elle fut persuadée qu'il la lui cacheroit si elle lui en parloit; c'est pourquoi, négligeant ce moyen, qu'elle regardoit comme inutile, sa tendresse lui inspira un autre expédient, ce fut de lui assurer du bien en propriété; et aussitôt qu'elle fut éveillée, elle envoya chercher un notaire, et quelques momens après son fils, à qui elle fit faire la lecture d'un acte par lequel elle le mettoit dès ce moment en possession d'une terre à soixante lieues de Paris, et d'une autre plus petite, qui n'en étoit qu'à six, le tout valant plus de 25, 000 livres de rente, où, par une clause expresse et extraordinaire, elle l'autorisoit à les vendre quand il lui plairoit, malgré le défaut de l'âge. Elle lui dit, en lui remettant ce contrat, que c'étoit pour ses menus plaisirs, et pour le mettre en état de dépenser quatre louis, sans être obligé de les demander comme un écolier, n'exigeant pour toute reconnoissance que de surmonter la mélancolie qu'il ne pouvoit lui cacher, mais dont elle ne lui demandoit point la cause, parce qu'elle ne vouloit pas entrer par force dans sa confiance.

Le marquis plus touché de la façon dont sa mère lui faisoit ce présent, que du présent même, lui en rendit grâce dans les termes les plus tendres, et pour lui plaire, il contraignit sa douleur; mais ce ne fut qu'en sa présence, s'y abandonnant malgré lui par-tout ailleurs. Il chercha inutilement le secours des plaisirs; les spectacles et la compagnie de ses amis furent sans fruit: il commença même quelques intrigues, mais elles n'eurent pas plus de pouvoir. Enfin, ne pouvant plus résister à ses inquiétudes, et ne trouvant aucun expédient qui le contentât, il ne balança plus à aller lui-même chez Flore, et il ne cacha pas son dessein à Dupuy, non pour lui demander son approbation, puisque la résolution en étoit prise, et qu'elle fut exécutée l'après-midi. La surprise où sa présence jeta cette famille fut si grande en le voyant, que lui-même, partageant son embarras, ne savoit positivement de quels termes se servir pour leur faire sa proposition sans les offenser.

Après quelques momens d'incertitude il leur dit qu'il avoit été incommodé et que les médecins lui ayant conseillé de prendre l'air hors de Paris, les charmes de la belle Flore l'avoient déterminé à venir préférablement du côté de Vincennes. Sans leur donner le tems de répendre à sa galanterie, il dit à madame Maronville ce que sa mère avoit fait pour lui, et l'assura qu'il y avoit été d'autant plus sensible que ce bien dont elle le rendoit maître absolu lui fournissoit les moyens de donner à Flore des preuves solides de sa bonne volonté; ajoutant que si elle vouloit lui faire un fort grand plaisir, loin de s'opposer à ce que sa fille en fît usage, elle-même en profiteroit pour rendre sa condition plus heureuse, n'en demandant pas d'autre récompense que le plaisir d'avoir fait du bien à une famille qui en méritoit encore plus. S'adressant ensuite à Maronville, qu'il trouva, non un grand pendard et un coupe-jarret, comme Dupuy le lui avoit réprésenté, mais un garçon fort bien fait et fort aimable, de qui la physionomie étoit intéressante, ayant un air de distinction qui ne sembloit point se devoir rencontrer dans un homme dont toute l'occupation se bornoit à remuer la terre et à cultiver son jardin; il lui demanda s'il étoit résolu de passer sa vie dans un métier si vil, et s'il ne

pourroit point lui rendre service ; mais il le fit
dans des termes si affectueux, qu'ils ne sembloient
convenir qu'à son égal et non à un paysan. La
tendresse que le marquis avoit pour Flore,
contribuant à lui faire rendre justice à son
frère, et lui inspirant autant d'amitié pour lui
que s'il eût été le sien propre, il l'assura qu'il
avoit de l'argent et des amis, qu'il étoit prêt à
employer pour son service s'il vouloit lui en
fournir l'occasion.

Maronville reçut ces démonstrations de tendresse avec une politesse froide, et le remercia
en peu de mots, sans être tenté de profiter de
ses offres, lui disant naturellement qu'il n'aimeroit point à être ingrat, et qu'il ne pourroit manquer de l'être envers lui, ne se sentant aucune
disposition à reconnoître ses bontés par les
services qu'il croiroit être en droit d'exiger de
lui ; que son état d'ailleurs ne lui faisoit point
de honte, puisqu'il vivoit en honnête homme,
et qu'il aimoit mieux y passer sa vie, que d'en
sortir par un moyen si indigne, dont il auroit
plus à rougir que de la bassesse de ses occupations.

Le marquis employa toute son éloquence pour
lui persuader qu'il le serviroit sans intérêt et par
pure amitié, ne demandant à sa famille que
la liberté de venir quelquefois dans cette
maison, où il se contenteroit, disoit-il, du seul
plaisir de s'entretenir avec eux, et d'admirer la

charmante Flore. Mais ses complimens , les
offres et les instances furent inutiles , il fut totalement refusé, la mère lui disant sans nuls dé-
tours que si elle souffroit ses visites , elles seroient également préjudiciables à lui et à sa fille;
à lui premièrement , parce qu'il perdroit un
tems précieux dont il feroit ailleurs un meilleur
usage ; et ensuite à sa famille , à qui ses assiduités auprès de Flore feroient un tort considérable , si elle avoit la foiblesse de les souffrir :
qu'ainsi elle le supplioit instamment de les
supprimer , et de ne plus venir la troubler dans
sa solitude. Quoique le marquis n'eût pas eu
une fort grande espérance en commençant cette
conversation , il ne fut pas moins sensible à son
mauvais succès ; mais cependant il voulut encore
faire une tentative , et dit à madame Maronville
qu'avant de se retirer il la prioit de permettre
que Flore s'expliquât elle-même : elle y consentit ; mais il n'en fut pas plus content : car
Flore ne parla que pour lui dire sèchement qu'il
pourroit l'en dispenser , puisqu'elle n'avoit rien
à ajouter à ce que sa mère et son frère venoient
de dire; que ses sentimens étoient les leurs,
qu'elle les suivroit toujours avec joie , et que si
elle avoit envie d'ajouter quelque chose à ce qu'ils
avoient dit , ce seroit qu'il n'étoit point d'extré-
mités où elle ne se portât plutôt que de voir sa
réputation en danger ; qu'enfin la seule obligation qu'elle désiroit lui avoir , étoit de la laisser

en repos, et de ne plus prendre la peine de la chercher. Comme elle achevoit de parler, une jeune dame en grand deuil parut à une petite porte qui étoit au milieu du jardin ; elle en avoit la clef, elle l'ouvrit sans que sa présence étonnât la Maronville. Il n'en fut pas de même de cette inconnue, qui témoigna beaucoup de surprise en apercevant avec ces jardiniers un cavalier si magnifique : elle avança cependant et toute la famille fut au-devant d'elle en faisant paroître beaucoup de joie de la voir.

La présence de cette personne ayant privé le marquis de l'espoir de continuer la conversation et de faire changer de maxime aux uns et aux autres, il se retira fort mortifié. Comme il n'avoit rien épargné pour réussir, ce mauvais succès justifia Dupuy dans son esprit, et il le revit avec moins d'aigreur qu'il n'en avoit témoigné en le quittant. L'envie de parler de Flore contribuant beaucoup à l'adoucir, il lui redit toute leur conversation, et Dupuy opina à son ordinaire pour qu'il renonçât au dessein d'apprivoiser cette farouche famille. Mais son maître, trop amoureux pour goûter un tel avis, n'étoit pas en état de suivre ce conseil, quoiqu'il ne pût s'empêcher de convenir que c'étoit le plus sage, et qu'il ne sût où en prendre un autre. Ayant absolument perdu l'espoir de s'introduire chez la Maronville, il voulut du moins se donner la douceur de voir Flore à l'église, où il se rendit le dimanche suivant, se flattant que la belle seroit touchée de sa persévérance ; mais il se trompa. Quand elle le vit, elle rougit, et il connut aisément à ses yeux que ce n'étoit pas de joie. Elle ne daigna pas jeter un regard sur lui ; et lorsqu'il voulut l'aborder au sortir de la messe, elle l'évita avec tant d'affectation, qu'il ne put attribuer au hasard les obstacles qui s'y opposoient.

Ce mauvais succès ne le rebutant pas, il y retourna plusieurs fois. Mais après avoir manqué souvent à la rencontrer : parce qu'elle alloit à la messe ailleurs, ou qu'elle l'entendoit si matin à Vincennes, qu'elle étoit retournée chez elle avant qu'il fût arrivé, il se crut au comble de ses vœux, en s'apercevant que madame Maronville, qui les autres jours n'avoit pas jeté les yeux sur lui, le regardant cette fois attentivement, lui donnoit sujet de croire qu'elle l'invitoit à la suivre. Cette conjecture le flattant infiniment, il ne vouloit point la vérifier, crainte de la détruire, et se livrant au nouvel espoir qui s'offroit, il ne balança plus ; mais n'osant les joindre devant tout le monde par un ménagement et un respect dont il ne se seroit jamais cru capable, il ne les suivit que de loin, pour ne pas déplaire à Flore ou à sa mère. Il les vit entrer chez elles qui laissoient la porte ouverte ; ce qui ne lui laissa plus douter que ce ne fût pour le faire entrer lui-même ; il en profita, et y entra aussi.

La jeune dame qu'il avoit vue la première fois dans le jardin y étoit déjà, mais elle n'y étoit pas venue avec la famille, et cette circonstance, de même que l'air de familiarité qu'elle avoit en cette maison, fit juger au marquis qu'elle n'étoit point suspecte à ses habitans; qu'apparemment elle étoit leur parente; ce qui l'empêcha d'appréhender qu'elle ne les gênât. Le discours que lui tint madame Maronville fut plus propre à lui faire de la peine que la présence de la dame inconnue : car cette femme, après l'avoir obligé de s'asseoir, augmenta l'air de gravité qui lui étoit naturel.

Si j'ai souhaité de vous revoir ici, monsieur, lui dit-elle, je vous supplie de n'en tirer aucune conséquence désavantageuse à nos sentimens; nous n'en avons pas changé depuis que nous vous les avons expliqués. Non assurément, ils sont toujours les mêmes; mais j'ai voulu vous instruire de la dernière résolution que votre opiniâtreté à nous persécuter m'a inspirée; elle est telle que si vous ne cessez de poursuivre ma fille, je la mettrai dans un lieu où elle sera hors d'inquiétudes sur vos assiduités, et où vous ne la verrez pas malgré elle. Je ne vous fais point un mystère de nos desseins, ajoute-t-elle, et je vous dirai naturellement que si j'avois de quoi payer sa pension, je me contenterois de la faire entrer au couvent en qualité de pensionnaire : mais la modicité de ma fortune ne me permettant pas de prendre ce parti, je la placerai dans un monastère, où elle sera reçue sans dot au rang des converses: ce sera, dit-elle en poussant un soupir, une obligation qu'elle vous aura. Vous la voulez faire religieuse, s'écria d'Astrel tout épouvanté! Y a-t-elle quelque vocation?......... Parlez, ma chère Flore, lui dit-il, pourriez-vous être heureuse en cet état? Non, reprit-elle: bien éloignée de cela, je n'y ai nulle inclination, et je ne l'embrasserai qu'avec répugnance; mais j'y suis pourtant déterminée si je n'ai pas d'autre moyen de me délivrer de vos persécutions; ainsi, monsieur, ajouta-t-elle, voyez si vous voulez me montrer assez de bonté pour ne me point forcer à prendre cet affreux parti.

De quelles persécutions vous plaignez-vous, dit le marquis d'un ton qui découvroit, autant que son visage, la consternation où le mettoit un tel discours? Une fille de la première distinction pourroit-elle se plaindre de mon procédé? Non, dit madame Maronville; je conviens qu'il ne pourroit pas faire ce tort à une personne en égalité avec vous; mais vos assiduités, qui seroient sans conséquence avec une autre, déshonoreroient Flore pour peu qu'elles durassent: ainsi, monsieur, ajouta-t-elle, soyez assez généreux pour ne pas désespérer une famille qui va être accablée de douleur si vous la forcez à se séparer; je serai au désespoir d'être obligée de perdre ma fille pour toujours: cependant nous y sommes déterminées, quoique nous n'en puissions ignorer

Tom. 1.　　　　　　　　　　　　F

les désagrémens, et que je sache précisément qu'elle sera fort malheureuse dans le genre de vie que vous la forcez d'embrasser; mais nous n'avons point à choisir si vous continuez de nous persécuter. Le marquis étoit si accablé de tout ce qu'il entendoit, qu'il ne lui restoit pas la force de parler, lorsque la jeune dame, prenant la parole, le supplia les larmes aux yeux de faire un effort sur lui-même pour ne pas causer, par une opiniâtreté inutile, le malheur de Flore, et de ne la point priver du plaisir qu'elle trouvoit en son amitié dans son voisinage.

En effet, il fit un effort; non tel que cette dame l'exigeoit, mais pour s'expliquer, et il voulut entreprendre de lui persuader qu'il y avoit de l'injustice à prétendre l'empêcher d'entrer dans une église publique, parce que c'étoit la paroisse de cette jeune fille, ne désavouant pas que ce ne fût par le plaisir de la voir qu'il y étoit attiré, et avouant de bonne foi que, sans ce motif, il ne viendroit point du Faubourg Saint-Germain à la messe à Vincennes; mais que ce lieu étant ouvert à tout le monde, il n'y avoit rien d'extraordinaire qu'il y parût comme les autres, et qu'il étoit impossible que l'on pût pénétrer la raison qui l'y attiroit, puisqu'il ne leur avoit jamais parlé.

Madame Maronville l'interrompit pour lui dire qu'elle ne prétendoit point lui interdire l'entrée de cette église, ni d'aucun autre lieu, à l'exception de celle de sa maison; mais qu'étant maîtresse de sa fille, elle ne balanceroit pas sur le parti qu'elle devoit prendre. Après quelques contestations également inutiles, le marquis fut obligé de sortir sans avoir rien obtenu. Il vint à l'ordinaire conter ce nouvel événement à Dupuy; mais au lieu de s'alarmer, de même que son maître, du dessein que madame Maronville témoignoit de faire Flore religieuse, il n'en fit que rire. Oh! ma foi, s'écria-t-il, je ne m'attendois pas à cet événement, et ce tour me fait connoître que cette commère est plus fine que je ne l'avois soupçonnée. Où est-elle, cette finesse, reprit brusquement le marquis? Voilà vos sottises accoutumées et la façon dont vous m'avez perdu en me faisant entendre que leur conduite étoit mystérieuse et intéressée. Ce dernier trait prouve bien le contraire, puisque je leur ai offert dans la visite précédente tout ce que ma mère m'a donné, et qu'elles ont dû présumer que, puisque j'y retournois si souvent, ce n'étoit point pour me rétracter de mes offres, non plus que des avances que j'ai faites au fils. Après toutes ces preuves de ma bonne volonté, qui sont poussées tant que mon pouvoir peut s'étendre, quelles raisons auroient-elles d'employer la finesse, et que pourroient-elles prétendre de plus d'un homme qui leur veut donner tout ce qu'il possède? Elles prétendent à votre main, mon cher maître, interrompit le domestique : il est clair que c'est le but de leur désir, et la véritable raison qui leûr fait faire à vos yeux un rare étalage de vertus.

Si ce n'étoit pas cette espérance qui les animât, poursuivit-il, il seroit impossible que des offres telles que celles que vous leur avez faites ne vous eussent acquis les suffrages de la mère et du fils, tandis que la fille n'eût point résisté aux empressemens d'un amant fait comme vous : ainsi, puisque le piége est découvert, vous n'avez qu'à fuir la voix enchanteresse de ces sirènes ; car, si vous persistez à les écouter, je ne répondrois pas qu'elles ne vous obligeassent enfin à les satisfaire. Jugez quel coup de fondre ce seroit pour madame votre mère.... Il seroit capable de la faire mourir. Vous n'ignorez pas combien vous lui êtes cher, et il n'est rien que vous ne deviez faire pour éviter de lui donner cette cruelle mortification. Mais, ajouta Dupuy, quand vous auriez cet intérêt de moins à envisager, ne devriez-vous pas en éviter le danger pour vous-même ? Quel reproche ne vous feriez-vous point après que votre passion seroit ralentie, en songeant à l'indigne alliance que vous auriez faite. Le marquis gardoit un profond silence ; ce que ce garçon lui disoit n'étoit que trop vraisemblable : c'étoit à quoi il n'avoit jamais songé, et, dans les premiers momens de sa surprise, il ne pouvoit comprendre que cette idée ne se fût pas encore offerte à son esprit. Il en étoit frappé à un tel point, qu'il n'imaginoit pas comment il avoit pu être si long-tems dans l'aveuglement ; et se livrant à la vraisemblance des réflexions de Dupuy, il lui laissa le tems de moraliser tant qu'il voulut sans l'interrompre.

Sortant enfin de cet étonnement, il lui demanda ce qu'il devait faire ; car, poursuivit-il, je suis amoureux à la fureur ; et, depuis que j'ai vu cette dangereuse paysanne, tous les plaisirs où j'ai cherché à me livrer m'ont semblé insipides. Essayez de ceux de la campagne, lui dit Dupuy, allez vous promener à la terre que vous avez sur la Loire, et passez-y quelques mois. Madame votre mère sera flattée de voir l'empressement que vous témoignerez pour un présent qu'elle vous a fait : c'est un des plus beaux châteaux de France, et les promenades y sont assorties. Ce lieu est trop éloigné pour que le hasard offre à vos yeux cette personne que vous devez éviter. Amenez avec vous plusieurs de vos amis. Quand vous y serez, la chasse, la nouveauté de tous les plaisirs de la table et de la vie champêtre vous feront insensiblement oublier vos amours. Vous serez dans le voisinage de plusieurs villes où il y a bonne compagnie. Si vous voulez chercher des dames, vous en trouverez de fort aimables : cette province est renommée par la politesse et la beauté du sexe.

Le marquis concevoit que son valet-de-chambre parloit juste, et qu'il n'y avoit qu'un extrême éloignement qui pût l'empêcher de courir malgré lui à Vincennes ou aux environs. Il ordonna à Dupuy de tout préparer pour ce voyage, se chargeant lui-même du soin de le faire agréer à la marquise, et d'inviter ceux qu'il désiroit mettre en cette partie.

La différence qui s'étoit faite dans l'humeur et sur le visage de monsieur d'Astrel n'étoit point échappée aux attentions d'une mère tendre; elle en avoit une inquiétude extrême, et fut ravie du dessein qu'il témoignoit, dans l'espérance que le changement d'air et celui de la campagne lui feroient du bien. Elle se chargea avec plaisir de lui envoyer tout le monde qu'il lui falloit pour y tenir une grosse maison. Le marquis ayant engagé cinq amis à ce voyage, fut en état de partir deux jours après, et Dupuy, chargé d'argent, le suivit avec ordre de ne rien épargner pour le faire vivre en grand seigneur.

La brillante jeunesse que le marquis avoit menée en ce lieu fut enchantée de la beauté du séjour, et le maître crut pendant quelque tems que les chagrins pourroient s'y dissiper, cet endroit étant tout propre à lui faire oublier la trop dangereuse Flore; mais il ne resta guères dans cette erreur, ne se trouvant pas plus tranquille qu'à Paris. Cependant, comme il n'avoit pas, d'un moment à l'autre, la commodité de la voir, il se persuada qu'il se feroit, par cet éloignement, une habitude de la nécessité, et que, pour dissiper entièrement son chagrin, il n'auroit qu'à le cacher quelque tems. Dans cet espoir, il fit tous les efforts dont il étoit capable, cherchant avec empressement la meilleure compagnie, qui est nombreuse en cette belle province. Il y donna aux dames des fêtes galantes, ou plutôt Dupuy les donna en son nom : car c'étoit beaucoup pour le maître de s'y trouver et d'en recevoir les complimens.

La bonne chère et la liberté mettoient le comble aux agrémens de sa maison , que l'on pouvoit regarder comme l'asyle de la joie, excepté dans le cœur du marquis, où elle ne trouvoit point de place : quelques soins qu'il prît pour surmonter sa rêverie, plus forte que ses résolutions, elle l'obsédoit au milieu des plaisirs qu'il faisoit goûter aux autres. Toujours occupé de Flore, à peine pouvoit-il se résoudre à se montrer, cherchant sans cesse les endroits écartés pour s'abandonner sans contrainte à ses tristes pensées.

Les soins de Dupuy n'étoient pas capables d'empêcher que cette disposition ne se remarquât. Tout le monde s'en apercevoit sans lui en savoir mauvais gré, parce que l'on voyoit bien que cette rêverie n'étoit pas volontaire; mais on n'en étoit pas moins surpris; et le soin de rassembler de sa part la bonne compagnie , par des fêtes et des plaisirs où il ne paroissoit pas qu'il prît aucun intérêt, donnoit matière à bien des conjectures. Les dames, sur-tout, en étoient les plus étonnées, et elles concluoient qu'absolument il étoit amoureux : elles avoient raison; mais elles comptoient que c'étoient de quelqu'une d'elles, et il n'y en avoit aucune qui n'eût été ravie d'avoir fait cette conquête, et qui ne s'en flattât.

Dans cette erreur, elles redoublèrent leurs empressemens : cela alloit jusqu'aux avances, parce qu'elles s'imaginoient que sa tristesse ne venoit que de ce qu'il n'osoit s'expliquer, et c'étoit à qui lui en inspireroit la hardiesse. Mais voyant que, malgré leurs soins, il gardoit toujours le silence, elles vinrent, chacune en particulier, à croire que ce n'étoit pas pour elles ; le soupçonnant mutuellement, elles attribuoient à leurs compagnes le bonheur qu'elles envioient. Cette défiance réciproque les rendit espionnes les unes des autres, et jeta parmi elles une pointe d'aigreur qui commença à troubler la douceur de leur société. Quoique toutes ces altercations se passassent sous les yeux du marquis, et par rapport à lui, il ne s'en aperçut nullement ; mais elles n'échappoient point à Dupuy, qui, pour essayer de le divertir, lui faisoit remarquer les différens manéges que la jalousie ou la curiosité faisoient faire à ces dames. Voyez, monsieur, lui disoit-il, si je vous trompois en vous disant que vous étiez fait pour plaire ; vous êtes ici avec cinq jeunes seigneurs, qui sont charmans : cependant les préférences sont pour vous, et vous seul causez tant d'inquiétudes à ces belles dames, qu'elles ne tarderont pas à mettre la discorde entr'elles.

Si vous daignez y faire attention, continua-t-il, vous y trouverez de quoi vous réjouir infiniment. En effet, rien n'est si plaisant que de voir, à chaque fête que vous donnez, avec quelle inquiétude et quelle impatience elles attendent que l'héroïne en soit nommée, et comme elles désirent d'être l'objet de vos rêveries. Elles ont tort de souhaiter une chose qui ne peut être, reprenoit d'Astrel tristement : je suis ici, mais il n'est pas possible que j'y sois encore long-tems ; mon cœur en est trop éloigné, pour que j'y puisse résister. Se peut-il, disoit Dupuy, que vous soyez assez indifférent aux effets de votre mérite, pour abandonner un lieu où il est si fêté ? Eh ! laissez-là mon mérite, répliqua-t-il d'un air chagrin, cette folle idée est cause de mon malheur. Si tu n'avois pas été assez étourdi pour me flatter que rien ne lui pouvoit résister, je ne me serois point abandonné au penchant que j'avois pour Flore, dont l'estime qu'elle témoigne pour ce prétendu mérite doit me faire juger de celle que les autres ont droit d'en faire, puisqu'il est méprisé par une simple paysanne. Dupuy enrageoit de voir le peu d'effet que produisoient ses soins, et il étoit désespéré d'entendre son maître parler d'un retour à Paris dont il prévoyoit les fâcheuses conséquences.

Cependant, quoique toutes les belles qui étoient sans cesse chez le marquis, lui fussent également indifférentes, et qu'il leur eût décerné tour-à-tour les honneurs des fêtes qu'il leur avoit données, il sembloit accorder quelque préférence à une personne de quinze ans, dont la jeunesse la rendant plus timide, faisoit qu'elle l'embarrassoit moins que les autres par des questions curieuses et indiscrètes, ne pensant pas si sérieusement au moyen d'attirer ses hommages : ce n'étoit pas qu'elle les eût reçus avec dédain, mais elle ignoroit la fin de l'art minaudier, qui ne s'acquiert que par l'âge et l'expérience.

Cette jeune demoiselle étoit fort jolie ; elle avoit la voix agréable, et outre cela lui laissoit la liberté d'être des heures entières auprès d'elle, sans exiger qu'il lui dît des douceurs, et sans le tourmenter sur la cause de sa sombre humeur; ce qui faisoit qu'il se plaisoit plus avec elle qu'en aucune autre compagnie, en étant quitte pour la prier de chanter un air, que souvent il n'écoutoit pas, et pour lui dire quelques mots obligeans quand elle avoit fini de chanter.

Chacun crut que son inclination étoit décidée en faveur de cette beauté naissante : Dupuy le crut comme les autres, et en fut ravi, ne doutant pas qu'une telle diversion ne détruisît insensiblement la passion qu'il avoit si malheureusement pour Flore. Afin de faciliter ce nouvel amour, et cherchant à l'échauffer, il se hâta, sous le nom de son maître, de faire toutes les galanteries qu'il crut propres à lui rendre la demoiselle favorable. Elle fut bien-

tôt nommée la reine de tous les plaisirs du château, et par conséquent l'objet de la jalousie
de ses rivales, qui se réunirent pour lui trouver
des défauts, lui imputant jusqu'à celui de son
extrême jeunesse, dont cependant il n'y en avoit
aucune qui n'eût voulu être aussi coupable.
Tandis que cette innocente beauté ne songeoit
qu'au plaisir d'avoir un amant, et que l'envie
qu'excitoient contr'elle les préférences, lui donnoit une si flatteuse occasion de connoître l'effet
de ses charmes naissans, sa mère, qui avoit des
vues plus étendues, allant au solide, étoit moins
sensible à cette gloire, par les plaisirs et les
préférences qu'elle procuroit à sa fille, que
parce qu'elle lui laissoit concevoir l'espoir que
cette inclination pourroit devenir assez sérieuse
pour mener le marquis jusqu'à l'hymen. Elle
avoit de la naissance, et il auroit pu l'épouser
sans crainte que cette alliance lui fût reprochée;
mais son bien ne répondoit point à sa noblesse,
et ce mariage lui auroit été extrêmement avantageux, n'y devant point prétendre, à moins que
l'amour ne s'en mêlât; et comme il est naturel
de se flatter, la mère ayant une bonne opinion
de sa fille, qui étoit autorisée par toutes les belles
qualités qui pouvoient la rendre excusable, ne
doutoit point du succès de ses désirs. Voyant
d'Astrel précisément dans l'âge où l'intérêt est
rarement le but des actions, elle pensa qu'il
alloit prendre assez d'amour pour n'envisager

que le plaisir de se satisfaire, en s'unissant sérieusement à sa famille. Elle avoit vu la marquise l'année précédente, lorsqu'elle étoit venue passer quelques mois à cette terre pour la faire embellir, dans le dessein d'en faire présent à son fils, qu'elle comptoit marier peu après son retour.

Ces deux dames avoient lié une sorte d'amitié que la mère de la demoiselle se rappeloit avec plaisir, espérant qu'elle lui feroit trouver de plus grandes facilités dans le cœur de la marquise, qui accepteroit plus volontiers l'alliance de sa fille que celle de toute autre qui lui seroit inconnue. Elle n'ignoroit point à quel excès madame d'Astrel portoit la tendresse pour son fils : tout le tems qu'elle avoit été en ce lieu, elle ne l'avoit presqu'entretenue que de lui. C'étoit à la complaisance que cette dame avoit eue de l'écouter et de l'applaudir, qu'elle étoit redevable des préférences qui avoient même été poussées jusqu'à la confidence ; et la marquise ne lui avoit pas fait de mystère de ses vues pour l'établissement de ce fils chéri, à qui elle destinoit un parti considérable ; mais elle avoit ajouté que si l'inclination du marquis se tournoit d'un autre côté, pourvu que la personne fût vertueuse et ne fût point d'une naissance trop disproportionnée, elle renonceroit à son premier projet pour le satisfaire, n'ayant d'autres desseins que de le rendre heureux.

Les qualités où madame d'Astrel se restrei-
gnoit pour accorder son consentement, se trou-
voient toutes dans la fille de cette dame. Elle
avoit de la naissance, de la vertu, de la beauté,
et l'éducation lui avoit donné les graces acquises:
ainsi le tout ne dépendoit que d'un seul point;
il ne s'agissoit que d'inspirer au cavalier le désir
de mettre à profit la complaisance de sa mère.
Il falloit donc absolument le gagner; et la dame
redoublant ses attentions pour lui, faisoit tout
ce qu'elle croyoit propre à l'exécution de ses
vues. Elle en avoit fait part à sa fille, en lui re-
commandant de ne pas manquer la moindre
occasion de témoigner au marquis tous les égards
qui pouvoient le flatter, autant que la bienséance
le lui permettoit. Ces leçons étoient trop du
goût de celle qui les recevoit pour n'en pas
profiter avec empressement; et par les soins de
l'une et de l'autre, sans qu'il y parût d'affectation,
il avoit autant d'entretiens avec la fille qu'il en
pouvoit désirer.

Il en profitoit; mais comme c'étoit sans dessein, il y faisoit peu d'attention. La seule commodité qu'il trouvoit à rêver près d'elle plus
librement, lui faisoit donner la préférence à
cette belle. La mère, qui l'observoit exactement, fut pendant quelque tems fort satisfaite
de l'effet de ses soins, prenant le silence du marquis pour un amour timide. Il est vrai qu'il étoit
accompagné de bouquets et de fêtes galantes

Tome I. G

qui, aux déclarations près, faisoient un amant complet, mais elle ignoroit que c'étoit à Dupuy, et nullement à son maître, qu'elle devoit ces apparences d'amour. A la fin, comme le marquis sembloit obstiné à se taire, elle commença à s'impatienter, et dans quelques entretiens qu'elle se procura avec lui, comme par hasard, elle fit tous ses efforts pour l'engager à déclarer ce qu'il avoit dans le cœur; mais elle le trouva si froid sur cet article, qu'elle conclut qu'il n'étoit pas encore assez amoureux. Elle ne désespéra pas néanmoins de le conduire au but qu'elle désiroit, attribuant ses rêveries et sa tristesse aux combats qui se livroient en lui-même à la vue des obstacles qu'il appréhendoit de la part de la marquise.

Il étoit donc question de dissiper cette inquiétude; et ne trouvant point de moyen plus propre que de mettre Dupuy dans ses intérêts, elle redoubla les honnêtetés qu'elle avoit toujours eues pour lui, ne cessant pas d'en dire du bien à son maître, de même qu'à tous ceux qui pouvoient le lui redire, répétant sans cesse, *que ce garçon étoit d'un mérite rare et fort au-dessus de sa condition.* Ces discours flatteurs étoient trop fréquens pour que le héros célèbre pût les ignorer; mais ils ne produisoient point l'effet qu'en auroit désiré celle qui les tenoit. Il n'en étoit pas assez flatté pour en être la dupe, conjecturant judicieusement qu'elle ne parloit de la sorte qu'avec un dessein caché, et afin de voir à quoi toutes

ces flatteries aboutiroient, il se donna la com-
mission d'aller lui faire des complimens de la
part de son maitre, ne doutant point qu'elle ne
s'expliquât sur ce qu'elle exigeoit de la sienne.

Ses préjugés se trouvèrent justes. La dame le
reçut conformément à l'estime qu'elle lui témoignoit : mais après avoir fait bien des discours vagues, tous remplis d'éloges flatteurs,
elle trouva un prétexte pour éloigner sa fille
qui étoit auprès d'elle ; et feignant de le consulter sur une fête qu'elle vouloit donner (c'étoit
un bal) dans les allées de ses bois, où elle avoit
ordonné une illumination, elle s'appuya sur son
bras, en lui disant qu'étant convaincue de son
bon goût, elle vouloit qu'il vît les préparatifs
qu'elle faisoit, et qu'il lui en dît son sentiment.
Dupuy approuva tout : loin de trouver rien à
changer aux dispositions qu'elle avoit faites, il
l'accabla à son tour de louanges ; mais la dame
qui vouloit l'entretenir de quelque chose de
plus sérieux, feignit d'être fatiguée, et s'assit
sur un banc, où elle le força de s'asseoir aussi. Ce
fut là où elle commença les honnêtetés dont
elle l'avoit déjà accablé ; à quoi ayant répondu
avec tout le respect convenable, elle lui demanda
enfin si elle pouvoit le compter au rang de
ses amis, et si elle devoit espérer qu'il lui parleroit avec sincérité. Il est aisé d'imaginer ce que
quelqu'un aussi fin que Dupuy put répondre en
une semblable occasion. Après qu'il l'eut as-

surée de son respectueux attachement, qu'elle lui eut fait promettre de ne point trahir sa confiance, elle lui demanda enfin ce que le marquis pensoit de sa fille. Il lui répondit, sans balancer, que son maître ne s'étoit point expliqué avec lui sur cela ; que cependant il étoit aisé de connoître qu'il la trouvoit charmante : ses empressemens le témoignent assez ; car, ajouta-t-il, il n'est point d'humeur à se contraindre , et je vous assure que si mademoiselle votre fille ne lui plaisoit pas, il n'est pas assez politique pour la chercher; mais, poursuivit-il d'un ton flatteur, madame peut-elle avoir des yeux et mettre en doute l'effet de ses charmes ? ne doit-elle pas au contraire être persuadée qu'un homme qui a autant de discernement que monsieur le marquis, ne peut voir assiduement tant d'appas avec indifférence.

Ce discours , fait d'un air si naturel, persuada à la dame tout ce qu'elle souhaitoit. Elle en fut transportée de joie, et lui dit que , puisqu'il lui avoit expliqué les sentimens de son maitre, elle ne feindroit point de lui confier ce qu'elle croyoit avoir pénétré de ceux de sa fille. Je lui trouve l'air rêveur , dit-elle , et comme monsieur d'Astrel est fort aimable , j'appréhende que son jeune cœur prenne pour lui une inclination qui la rendroit malheureuse..... Que dis-je ? j'appréhende plutôt qu'il ne soit trop tard, et que l'impression n'en soit déja faite. Je l'aime tendrement,

ajouta-t-elle; ce ne seroit qu'avec une peine extrême que je me verrois forcée à faire violence à
ses sentimens ; mais il faudroit bien m'y résoudre,
et je vous avoue que cette inquiétude m'a obligée
à faire auprès de vous la démarche que je fais
aujourd'hui, afin de m'instruire si le marquis
l'aime assez pour laisser agir son cœur suivant
le penchant qui l'entraîne vers lui. Nous ne
sommes pas, continua cette dame, d'une
naissance qui puisse permettre au marquis de
songer à en faire une maîtresse de passage et un
amusement sans conséquence ; notre rang est
proportionné au sien, et je sais, à n'en pouvoir
douter, puisque madame d'Astrel me l'a dit
elle-même, qu'elle ne feroit aucune attention
à la disproportion du bien, en ayant assez pour
ne songer qu'à satisfaire le goût de son fils ;
cette difficulté étant levée, il peut, sans contrainte, s'expliquer avec ma fille et avec moi.
Je sais encore que la marquise a dessein de le
marier avec une riche héritière qu'elle ménage
depuis long-tems ; mais elle m'a protesté qu'elle
n'étoit point si absolument obstinée à cette alliance que, s'il avoit d'autres idées, elle ne s'y
conformât sans peine, pourvu qu'elles ne fussent
point contraires à l'honneur de sa maison : ainsi,
mon cher ami, lui dit-elle en lui tendant la
main d'une manière obligeante, c'est de vous
seul que dépend cette affaire : je n'ignore pas
le pouvoir que votre sagesse vous donne sur

l'esprit de la mère et du fils, et ce n'est point la moindre preuve de leur discernement, .

A tout autre qu'à l'illustre Dupuy, ajouta-t-elle flatteusement, on feroit envisager des récompenses proportionnées au bon office; mais à lui qui est au-dessus de ce sordide intérêt, on ne peut que lui offrir la même amitié et la même confiance que madame d'Astrel et monsieur son fils ont si justement pour lui. Ce n'est pas, continua-t-elle, que je veuille renoncer à vous donner des témoignages solides de ma reconnoissance. Je ne suis point ingrate, mais je croirois vous offenser, si je présumois de pouvoir vous faire agir par un motif aussi peu généreux. Cette conversation mettoit Dupuy dans une étrange perplexité. Il ne pouvoit donner de paroles sur ce qu'on lui demandoit; et se retranchant aux complimens, il promit de sonder l'esprit de son maître, sur qui il nia d'avoir tant de pouvoir qu'elle lui en attribuoit, et l'assurant au reste qu'il y emploieroit avec joie tout celui qu'il avoit. Il la laissa dans cette espérance, et s'en alla en rêvant aux mesures qu'il prendroit, résolu de tirer un parti avantageux de cette affaire, sans penser à la servir dans les vues qu'elle lui avoit fait connoître, étant trop persuadé, quoi qu'elle en dît, qu'elles ne seroient pas autant du goût de la marquise que cette dame s'en flattoit; mais il espéroit que l'aventure seroit favorable à son maître, et que par un nouvel amusement, elle pourroit l'occuper assez pour effacer de son cœur l'impression de Flore. En rentrant au château, il apprit que son maître étoit sous un berceau de verdure; il fut le joindre en diligence, et le trouva un livre à la main, dont il s'étoit précautionné, moins pour lire que pour lui servir de prétexte à s'éloigner de ses amis.

Dupuy l'aborda en riant, et lui dit que la nouvelle qu'il lui apportoit alloit dissiper tous les doutes que sa modestie lui causoit sur son mérite. La preuve que je n'avois pas tort de vous le vanter, ajouta-t-il, c'est qu'il vous fait triompher sans aucun soin par-tout où vous paroissez. Malheureusement pour Dupuy, le marquis étoit dans un de ces momens de chagrin qui le saisissoient toutes les fois qu'il faisoit réflexion à l'impossibilité d'oublier Flore, ou d'en être aimé; et n'entrant point dans la plaisanterie, il lui demanda brusquement quelle nouvelle extravagance il avoit imaginée, et s'il n'étoit pas encore satisfait du cruel état où ses sottes flatteries l'avoient mis, sans venir de nouveau lui en faire d'autres, qui, selon les apparences, seroient de bonnes fortunes aussi certaines qu'avoit été celle de la laitière.

Dupuy fut assez déconcerté de la façon dont il étoit reçu, il se remit pourtant, s'efforçant de conserver l'air content qu'il avoit d'abord. Ce n'est point ici la même chose, dit-il ; je ne

parle que sur de bons ordres, et tout de suite il
lui fit le récit fidèle de la conversation qu'il venoit
d'avoir avec la mère de sa maîtresse prétendue.
Elles sont également charmées de vous, continua-
t-il ; la fille rêve pour vous, tandis que la mère
me cajole à votre intention : tel que vous me
voyez, je suis l'illustre Dupuy ; jugez quel peut
être le maître d'un homme tel que moi..., Je
ne crois pas que ce soit trop pour lui d'être
l'incomparable : cependant, monsieur, votre
humilité vous cache ce que vous valez, et sur
une telle autorité, vous refusez de vous croire
un des plus fameux héros de la galanterie. Pour
moi, à qui la charge de porte-clef de votre
cœur a donné *l'illustricité*, je me persuade
d'être au moins un homme d'importance. J'avoue
que, si je n'en livre pas l'entrée, je pourrai
diminuer de valeur, et qu'il y a toute apparence
que je deviendrai Dupuy tout simple : je vous
supplie de ne me pas ruiner de titre d'honneur,
en faisant trop le cruel.

L'air plaisant qu'il avoit affecté, et les termes
dont il s'étoit servi, ne firent aucun effet sur le
sérieux dont le marquis l'avoit écouté. Quoique
cette aventure eût quelque chose en elle-même
qui dût flatter son amour-propre, celui qu'il
avoit dans le cœur le rabaissoit trop pour lui
permettre de s'y livrer, et ne lui laissoit voir
que les désagrémens qui l'accompagnoient.
Non seulement il ne s'amusa pas de cet événe-

ment, mais considérant que la demoiselle étant
d'une condition à ne devoir pas être regardée
sans conséquence, ni sur le pied d'un amusement, il ne lui était plus permis d'agir avec elle
comme il avoit fait par le passé, puisqu'il étoit
bien éloigné de vouloir prononcer les grands
mots que l'on en attendoit, ni d'abuser de la
crédulité de ces dames en leur laissant espérer
de le faire venir au point où elles le désiroient;
et prenant tout d'un coup ce prétexte, il supposa que le seul parti qu'il y avoit à prendre
étoit celui de décamper, ne lui convenant pas
de faire le fier aux avances dont elles l'ac-
cabloient, et dont il auroit encore été long-tems
l'objet sans le remarquer, si cet événement ne
l'en eût pas fait apercevoir.

A peine fut-il frappé de cette pensée qu'il dit
à Dupuy que, loin de se prêter à ce badinage,
dont la fin ne pourroit être que désagréable,
il prétendoit le terminer en retournant à Paris
sans différer. Ce dessein pris si brusquement
causa un sensible chagrin à ce zélé domestique.
Il fit ce qu'il lui fut possible pour l'en détourner,
voyant à regret que son maître, s'abusant lui-
même, saisissoit avidement ce vain prétexte,
dans la résolution de retourner voir sa paysanne,
qui, toujours maîtresse de son cœur, lui rendoit
insupportable toute autre idée, et lui faisoit
trouver celle de cette dame absolument ridicule.
Pour essayer à le retenir, il voulut encore lui

persuader qu'il n'y avoit aucun danger à ne pas les tirer d'une erreur qui leur plaisoit, et où elles s'étoient jetées elles-mêmes. Pourquoi les priver de cette douce espérance ? lui disoit-il : conservez-la leur quelques jours ; elles n'auront pas sujet de se plaindre que vous les ayez abusées, et leur manœuvre vous divertira ; de grâce, ne vous expliquez point, et laissez-les faire.

Mais le marquis, sans lui répondre, ni daigner l'écouter : Ne faut-il pas, disoit-il, que je sois bien malheureux ! il semble que la plus grande partie des femmes ne pensent qu'à se jeter à ma tête, et à m'accabler de leurs avances ridicules. La condition n'y met point d'obstacle ; et la seule à qui je voudrois plaire, et qui n'est qu'une simple villageoise, est la seule aussi qui semble ne me pouvoir souffrir. Dupuy voulut lui faire quelques représentations ; mais le marquis lui ordonna si sérieusement de se taire, qu'il ne lui resta pas la force de dire un mot pour s'y opposer encore. Quoique la longueur de cet entretien entre le marquis et son domestique fût remarquée de ses amis, ils n'en soupçonnèrent pas le sujet. Comme ils ne pouvoient ignorer que le gouvernement de la maison rouloit sur ce garçon, ils le crurent occupé à recevoir des ordres pour quelques fêtes nouvelles.

Cependant la dame chez qui Dupuy avoit

été le matin, et qui comptoit donner à souper
au marquis et à sa compagnie, invita beaucoup
de monde, et fit parer sa fille le plus avantageusement qu'il lui fut possible, se flattant
qu'elle acheveroit sa conquête le même soir,
ne doutant pas que le marquis, déterminé par
les conseils de son confident, ne s'expliquât ;
mais elle fut déçue : car d'Astrel, après avoir
fait partir ses amis, sous le prétexte de quelques
affaires où sa présence étoit nécessaire, feignit
une violente colique au moment où il falloit les
suivre, et il se mit au lit sur cet accident
imprévu On en fut informé trop tard ; tout le
monde étoit assemblé, et la fête étoit si avancée
qu'elle ne put être remise. Elle s'exécuta donc,
mais avec une si grande tristesse de la part des
dames de la maison, que chacun s'en aperçut,
et que malgré le peu d'enjouement du marquis
il fut trouvé fort à dire. Tout le monde espéra
que cette maladie subite n'auroit pas de suite ;
mais on fut bien surpris le lendemain lorsqu'il
déclara à ses amis qu'après avoir si mal passé la
nuit, il craignoit qu'il ne lui arrivât quelque
chose de fâcheux, et que, pour en prévenir les
accidens, il alloit partir pour Paris, les suppliant de faire ses excuses aux dames de ce qu'il
n'avoit pas le tems de prendre congé d'elles ;
et s'étant à l'instant jeté dans sa chaise, il s'en
fut, sans avoir tiré d'autre fruit de son voyage,
que l'expérience affligeante de ne pouvoir guérir
de son amour pour Flore,

En arrivant, il se donne à peine le tems d'aller saluer sa mère, et courut à l'office s'informer des nouvelles de cette belle fille. On lui dit qu'elle. ni madame Maronville ne paroissoient plus, et qu'il n'y avoit que la vieille servante Nicole qui venoit apporter les provisions comme elle faisoit autrefois. A cette nouvelle, il résolut de faire connoissance, à quelque prix que ce fût, avec la vieille, se flattant que son argent lui en fourniroit le moyen. Il ne manqua pas de se trouver le lendemain sur son passage ; mais ayant voulu entrer en conversation, elle le reçut si brutalement, lorsqu'il lui demanda des nouvelles de sa jeune maîtresse, qu'il comprit aisément que le même esprit l'animoit, et qu'il n'y avoit pas d'apparence de la mettre dans ses intérêts , comme il s'en étoit flatté.

Cette dernière ressource lui manquant, il fut convaincu de la nécessité de se guérir d'une passion inutile ; pour essayer de tout, il se livra à une société de jeunes libertins, où il se trouva engagé dans des parties licentieuses, essayant par ce moyen d'étourdir la malheureuse passion dont il étoit possédé ; mais ce fut envain : loin que ces plaisirs en fussent pour lui, ils lui devinrent à charge. L'effronterie des femmes que fréquentoit cette société lui faisoit horreur, et loin de le soulager ne servoit qu'à redoubler son amour pour Flore, par la comparaison qu'il en faisoit. Il n'aimoit que médiocrement le jeu ; de plus, il y étoit trop peu appliqué pour y être heureux, et perdoit sans cesse : quoiqu'il ne fût pas intéréssé, cette circonstance n'é.oit pas propre à lui faire continuer un exercice qu'il trouvoit peu de son goût. La table, poussée trop loin, le rendoit malade ; enfin, il lui sembloit que tout s'accordoit pour lui faire de la peine : il n'y avoit que l'idée d'une conversation avec Flore qui lui parût digne d'être appelée plaisir, et le seul aussi auquel il pût être sensible ; mais il en connoissoit l'impossibilité, et perdoit toute espérance d'être heureux. Il ne voyoit qu'un unique moyen de le devenir, en se rappelant ce que Dupuy lui avoit dit sur le but où la mère et la fille avoient visé dès les premiers jours. Cette idée le révoltant d'abord, il la crut suffisante pour lui rendre sa tranquillité ; mais insensiblement il s'y accoutuma : ces obstacles qui lui avoient paru invincibles se dissipèrent ; la crainte de déplaire à la marquise s'évanouit peu à peu, et il se flatta que, sans se brouiller avec elle, il pourroit se contenter, ne doutant pas que la vertu et la beauté de Flore ne l'adoucissent en sa faveur, quand la chose seroit faite. Cessant de regarder comme une témérité criminelle et comme une folle ambition, l'intention que madame Maronville avoit de procurer une grande fortune à sa fille par le secours de sa beauté, il fit plus ; il trouva cette résolution digne de louanges, et ne put blâmer celle que Flore sembloit avoir prise de n'aimer qu'un homme qui l'estimeroit assez pour songer à la posséder par des voies légitimes, et sans former des projets désavantageux à sa vertu. Ce qu'il avoit envisagé d'abord comme une extravagance intolérable, ne lui parut plus qu'un témoignage de leur sagesse; et se rappelant toutes les perfections de cette aimable fille, il conclut que celui qui l'épouseroit seroit le plus heureux des hommes. Pourquoi balancerois-je à devenir cet heureux mortel ? disoit-il en lui-même. N'aurai-je point assez de bien pour me passer de celui d'une femme? Et comme je ne prendrai point son rang en l'épousant, en serai-je moins le marquis d'Astrel; elle sera marquise, sans que je devienne jardinier : si j'avois besoin de fortune, trouveroit-on étrange que je l'épousasse, si elle étoit en état de la faire ?.. Non vraiment; au contraire, on blâmeroit ma ridicule délicatesse; cependant ce bien ne pourroit pas la rendre de plus haute naissance qu'elle l'est, et ne donneroit pas plus de splendeur à mon sang. Ah! si pour faire une alliance inégale on étoit déshonoré, il y auroit bien peu de seigneurs qui osassent se vanter de leur condition : mais rien ne déshonore que les mauvaises actions, et je n'en ferai point en épousant une jardinière sans reproche.

Quoique cette dernière résolution le flattât, et qu'il la crût fort sage, elle ne l'empêchoit pourtant pas de faire réflexion à la peine qu'il alloit faire à sa mère, ne pouvant éviter de sentir quelques remords d'un dessein qui la récompenseroit si mal de ses bontés et de sa tendresse. Il craignoit que le chagrin qu'elle auroit d'un tel mariage ne lui causât la mort; mais un moment après il se moqua de lui-même, en disant qu'il ne seroit guère industrieux s'il ne savoit pas cacher cette affaire, puisqu'il n'y avoit rien de plus facile, sur-tout à Paris, où, à force d'argent, il trouveroit un prêtre qui leur donneroit la bénédiction nuptiale avec tout le secret nécessaire; après quoi il feroit vivre sa femme et sa belle-mère dans un quartier éloigné du sien. Enfin, sans savoir précisément comment il s'y prendroit pour l'épouser, il se faisoit une histoire et un plan de vie qu'il meneroit étant marié, ainsi que des moyens qu'il emploieroit pour voir souvent sa femme sans causer des soupçons à sa mère.

Ses pensées n'étoient pas toujours les mêmes : quelquefois il se représentoit la honte d'une action qui alloit lui attirer la haine de sa famille et le mépris de ses amis; étant presqu'impossible que cette affaire pût être long-tems secrette, il rougissoit d'avoir osé penser autrement; mais cette lueur de raison ne durant qu'un moment, il revenoit à son premier projet, et trouvoit qu'il y auroit de l'extravagance à refuser son bonheur par un sot point de gloire, lorsqu'il en étoit le maître, et qu'il ne pouvoit, sans cela, espérer d'être heureux.

Ces divers combats le tourmentoient d'autant plus, qu'il employoit plus de soins à les cacher, ayant cessé de faire part de ses pensées à Dupuy, dont il craignoit les moralités, et n'osant lui avouer qu'il succomboit au désir de posséder Flore, à quelque prix que ce fût. Les remontrances de son domestique n'étoient pas néanmoins le seul motif qui le lui faisoit redouter : l'unique raison qui l'obligeoit à l'expulser de sa confidence, étoit la crainte qu'avec l'intention de lui rendre service malgré lui, il n'instruisît sa mère de ses desseins. Ainsi le pauvre Dupuy voyoit son maître dans un ennui mortel, sans pouvoir le soulager, quoiqu'il ne doutât point que la jardinière n'y eût une grande part ; mais plus le marquis lui paroissoit accablé, plus il se flattoit de le voir profiter des efforts qu'il supposoit que la raison lui faisoit faire, et il n'osoit en parler, de peur de ranimer un souvenir qui étoit peut-être sur le point de s'effacer, et qu'il craignoit de renouveler. Ce tourment intérieur devint si fort, qu'il prit sur la santé du marquis : il tomba malade ; sa mère en fut extrêmement alarmée. et lui parut si touchée de son mal, qu'il se convainquit que de tous les chagrins qu'il lui pourroit causer, celui auquel elle seroit le plus sensible seroit de le voir mourir, cette expérience lui apprenant à quel excès elle portoit son affection pour lui.

Il n'en avoit jamais douté ; mais l'occasion

. 'sente lui en donnoit une nouvelle preuve : ce qui le confirma dans le dessein de tout faire pour la garantir du désespoir que sa perte lui causeroit; concluant que lorsqu'elle apprendroit son mariage, elle l'excuseroit aisément en apprenant en même tems que c'étoit le seul moyen de lui sauver la vie, qu'il auroit perdue sans remède; se préparant à lui protester, quand il ne pourroit plus cacher son secret, que ce n'avoit été qu'à sa seule considération qu'il l'avoit employé pour éviter une mort qui l'auroit affligée, puisque, s'il n'avoit envisagé que ses propres intérêts, il auroit préféré de mourir plutôt que de rien faire qui eût pu lui déplaire. Ne voulant pas douter de l'excellence de cette raison ; il se prévaloit de la sorte de la tendresse de sa mère, pour en former le droit de lui donner le plus grand déplaisir. Quoique ce projet fût pitoyable, il étoit amoureux, et le trouvoit excellent. La marquise lui avoit dit cent fois qu'elle donneroit son sang et sa vie pour sauver la sienne, et pour le tirer de la langueur où elle le voyoit, et il comptoit que, moyennant le remède qu'il alloit employer pour se rendre la santé, sa mère seroit trop heureuse d'en être quitte à si bon marché. N'ayant pas d'autre expédient pour la préserver du malheur qu'elle appréhendoit, il se détermina à se servir du seul qui se présentoit. Mais jugeant que le succès dépendoit du secret, il continua à se taire avec Dupuy, et se rétablit le plutôt qu'il lui fut possible, ce qui ne fut pas difficile; car aussitôt que ses inquiétudes furent cessées, la fièvre cessa aussi, et dans peu de jours il fut en état de quitter la chambre. Aussitôt qu'il fut assez fort pour sortir, il monta à cheval, n'ayant avec lui qu'un seul laquais; et prétextant ce voyage du dessein de se promener en prenant l'air plus commodément que dans son carrosse, il reprit le chemin de Vincennes, laissant son cheval à l'entrée du village, qu'il falloit traverser pour arriver chez madame Marouville. Il avoit eu la précaution de se munir d'un livre, et feignant de se promener à pied, il le tira en présence de son laquais, à qui il dit de l'attendre où il le laissoit. Se trouvant en liberté, il prit à la hâte une route qui le conduisit à ce lieu tant désiré. Tant qu'il appréhenda d'être remarqué de celui qui gardoit son cheval, il contraignit sa marche; mais l'ayant enfin perdu de vue, il vola; et quoiqu'il courût de toute sa force, il trouvoit qu'il marchoit trop lentement au gré de ses désirs, ne croyant jamais jouir assez tôt du plaisir de retrouver Flore. Quoiqu'il ne pût éviter les réflexions fâcheuses qui lui présentoient des obstacles, il les écartoit, en les faisant céder à l'espoir du bonheur qui l'attendoit. Il arriva enfin, bien satisfait de revoir un lieu où il y avoit plus de trois mois qu'il n'étoit venu : il lui sembla paré de nouvelles beautés, et il entra avec d'autant plus de satisfaction qu'il étoit persuadé que sa résolution en alloit causer à cette famille, ne doutant point que les remerciemens et les témoignages de reconnoissance ne prissent la place des reproches qu'il en avoit reçus précédemment. Dans cette assurance il se présenta de l'air triomphant d'un homme qui vient présenter le bonheur et la fortune. Il trouva la mère et ses enfans sous des arbres dans le jardin. Ils étoient occupés à cueillir du fruit; la tranquillité et la joie étoient peintes sur leurs visages. Flore et son frère, qui folâtroient ensemble, se jetoient l'un à l'autre, en riant, des fruits qu'ils venoient de cueillir. L'aspect du marquis interrompit ces innocens plaisirs. Un sérieux chagrin parut, et prit à l'instant la place de la gaieté. La mère se levant du milieu de ses corbeilles, vint au-devant de lui. Quoi! monsieur le marquis, vous voilà encore? En vérité, nous nous étions flattés que vous nous aviez fait la grâce de nous oublier, et que des occupations plus convenables vous avoient dégoûté de l'envie de rendre des visites aussi inutiles pour vous qu'elles sont désagréables pour ceux qui ont l'honneur de les recevoir.

L'air riant et assuré du marquis étant tout propre à irriter madame Maronville, elle en fut si offensée qu'elle alloit continuer à parler, et lui auroit dit peut-être quelque chose de plus fâcheux sur le mépris qu'il sembloit avoir pour elle, s'il n'eût mis des bornes à son mécontentement, de même qu'à celui qui commençoit à paroître dans les yeux de Marouville, en se hâtant d'expliquer son nouveau projet. Il s'étoit fait d'abord un jeu de leur laisser penser qu'ils avoient encore sujet d'être offensés par sa présence ; mais comme ce n'étoit que pour leur rendre la surprise plus agréable, il ne les voulut laisser qu'un moment dans cette erreur, et prenant la parole : Cessez de vous irriter de ce que je viens encore chez vous, madame, lui dit-il ; je ne mérite pas que vous vous en fâchiez : je ne suis point ici dans l'injuste intention qui m'y a conduit ci-devant ; ce n'est plus le dessein d'y remporter une honteuse victoire sur le cœur ni sur la vertu de la charmante Flore. J'avoue que mes propositions étoient indignes d'elle, et que j'ai mérité la façon dont vous avez reçu mes offres. Je ne suis en ce lieu que pour réparer cette faute, en vous en demandant pardon, et vous suppliant d'excuser la témérité d'un jeune homme qui, prévenu par les préjugés de sa naissance, corrompu par l'exemple, le mauvais conseil et la flatterie, croyoit trop honorer une fille vertueuse en lui offrant le rang de sa maîtresse. Je viens pour lui en témoigner mon repentir, et lui protester que si j'étois le maître d'une couronne, je ne balancerois point à la lui mettre sur la tête ; mais comme je suis bien éloigné de posséder ce bien, je me restreins

à lui offrir ce qui dépend de moi, et je ne
viens que pour vous prier de me permettre
d'être son époux. Accordez-la moi, madame,
cette charmante fille : l'estime que j'ai pour
vous et pour elle augmentant mon amour,
m'oblige à la regarder comme la seule personne
qui puisse me rendre heureux ; les bonnes
qualités étant plus propres à faire mon bonheur,
que les avantages qui suivent la plus haute
naissance, et le bien le plus considérable. Je
désirerois, ajouta-t-il, qu'elle pût être connue
de ma mère comme elle l'est de moi ; ne doutant pas que madame la marquise ne pensât
de la même façon, et que, pour lui donner
des témoignages certains de toute son estime,
elle ne me permît de l'épouser publiquement ;
mais la disproportion extérieure qui est entre
nous ne me donnant pas sujet de me flatter
que je résoudrois madame d'Astrel à la connoître avant d'y avoir été forcée par une nécessité
indispensable, je suis obligé de cacher mon
bonheur : ce ne sera pas pour long-tems. Ne
croyez point, poursuivit-il, voyant que madame Marouville le vouloit interrompre, qu'en
jeune homme qui ne cherche qu'à se satisfaire,
je ne veuille pas prendre des mesures justes
pour assurer l'état de votre chère fille. J'ai tout
prévu ; et voici ce que j'ai imaginé pour l'épouser
avec sûreté. Le curé d'une terre que j'ai à six
lieues d'ici est absent depuis plusieurs jours,

et doit être encore plus de trois mois éloigné
de son presbytère. Il a laissé pour desservir sa
paroisse un vicaire qui est son neveu, et qui
doit partir incessamment pour aller aux Indes,
à la suite d'un seigneur Espagnol, dont il a
obtenu une place d'aumônier.

Ce jeune homme n'est pas opulent, et attend
de son oncle quelques petits secours pour se
mettre en équipage; mais connoissant l'avarice
du vieillard, il ne compte point sur une gratification fort considérable, et je suis persuadé
que, moyennant cent louis, il ne refusera pas de
nous prêter son ministère; qu'il publiera, avec
plaisir, nos bans, et qu'il nous mariera dans
son église. Nous en tirerons un certificat qui
vaudra autant que s'il avoit été donné par
le Primat des Gaules. Je voudrois faire
plus; mais, comme je viens de vous le dire,
je ne puis davantage pour le présent, et nous
nous contenterons, pendant quelque tems, d'un
mariage secret, qui mettra ma chère Flore en
état de repondre à mon amour en sûreté de
conscience. Vous devez bien juger, continua-
t-il, que je ne négligerai pas l'occasion d'a-
mener ma mère au but que je souhaite. Pour
ce qui concerne le reste, j'en abandonne le
soin à votre prudence, et vous réglerez les
intérêts de la façon qu'il conviendra. Si vous
voulez une maison à Paris, poursuivit-il sans
lui permettre de répondre, je vous en ferai
préparer une; ou, si vous aimez mieux rester

ici, vous y serez à votre aise, et, renonçant à votre métier, vous y vivrez tranquille. Enfin, ma chère madame, pourvu que je possède votre charmante fille, il m'importe peu que ce soit sous une cabane ou dans un palais. Vous devez bien croire, ajouta-t-il, que je serai assez intéressé à ménager la réputation de ma femme, pour suivre attentivement les mesures que votre raison nous dictera. Je me flatte, dit-il en lui prenant les mains qu'il serroit tendrement, que vous ne me refuserez pas le bonheur d'entrer dans votre famille, où je prétends partager ma fortune avec mon ami Maronville; il peut compter qu'elle sera commune entre nous, et que je le regarde dès-à-présent comme mon frère, et comme un frère qui me sera toujours infiniment cher. Consentez à ma prière, poursuivit-il d'un air caressant, et je vous promets d'honneur de ne vous revoir que pour conduire votre fille à l'autel.

Il cessa enfin de parler, attendant la réponse de madame Maronville, du consentement de qui il se croyoit certain, ne voulant pas douter que la joie qu'elle devoit ressentir de cette proposition n'eût causé la longue audience qu'elle lui avoit donnée. Mais il fut fort confus lorsque cette femme, d'un air sérieux qui le déconcerta, lui dit qu'elle ne pouvoit nier que sa fille ne lu fût fort obligée, et qu'elle seroit ingrate si elle n'avoit pas pour sa bonne volonté toute la reconnoissance qu'elle lui devoit. Mais, monsieur, poursuivit-elle, elle se rendroit indigne de votre générosité si elle l'acceptoit, ne le pouvant faire absolument sans vous exposer à perdre l'amitié de madame votre mère, et peut-être à en être déshérité, puisqu'après lui avoir donné un sujet de se plaindre avec justice, vous n'auriez pas lieu de vous offenser que votre action lui fit naître la pensée de se marier aussi. Elle pourroit prendre ce parti, sans craindre d'en être blâmée, étant encore assez jeune pour qu'il lui fût permis d'y penser, sans même en avoir de si bonnes raisons. Ce malheur ne seroit pas le seul auquel vous seriez exposé, continua cette femme prudente, il seroit certainement suivi d'un autre qui auroit encore de plus fâcheuses suites; c'est du mépris général de votre famille, de vos amis, et enfin du vôtre même; car vous ne devez point douter qu'après cette action, vous ne vous en fissiez une honte intérieure. Je vous crois trop honnête homme pour ne pas la cacher à celle qui en seroit la cause innocente; mais vous en souffririez en secret, ce qui vous causeroit peut-être la mort, ou, du moins, plus de chagrin que vous ne trouveriez de plaisir aujourd'hui à voir accepter vos propositions. Le refus que je vous fais, ajouta-t-elle, doit vous prouver que je suis votre amie, et que j'entre dans vos intérêts avec la même franchise que si j'avois l'avantage d'être votre parente.

Le marquis, ne s'étant pas attendu à un semblable discours, voulut répliquer, et lui dire, que le secret qu'ils garderoient préviendroit tous les inconvéniens qu'elle lui faisoit envisager; mais madame Maronville reprenant la parole : Comment seroit-il gardé, reprit-elle, et de quel moyen vous serviriez-vous pour en cacher les suites aux yeux du public? Que deviendroit la réputation de votre femme, que vous parlez de ménager? Croyez-vous que vos assiduités auprès d'elle seroient long-tems inconnues à madame la marquise; et pouvez-vous imaginer qu'elle ne feroit pas casser bien vite un mariage si mal assorti? Toutes les précautions que vous proposez de prendre pour le rendre valable pourroient-elles prévaloir contre le défaut de votre âge, ou vous préserver du dégoût qui suit de sages réflexions et une possession tranquille? En ce cas, monsieur, pourriez-vous résister aux instances d'une mère qui vous aime si tendrement, et à la juste crainte de perdre son bien?.... Ce dernier article, poursuivit-elle, ne regarde point ma fille; car celui que vous possédez à présent excéde de beaucoup ce qu'elle pourroit prétendre; mais comme il ne fait pas la dixième partie de celui qui vous est réservé, il seroit injuste d'abuser de votre facilité pour vous en priver.

D'Astrel, au désespoir d'entendre des raisons si contraires à ses désirs, lui répondit qu'elle ne le connoissoit pas, si elle le croyoit capable de changer; qu'il aimeroit Flore toute sa vie, et que l'amour, fondé sur l'estime, étoit ineffaçable. Quant aux suites que vous présumez devoir découvrir notre secret engagement, ce seroit, ajouta-t-il, la chose la plus facile à prévenir. Vous ne devez compte de votre conduite à personne ; qui que ce soit n'auroit le droit de s'informer où vous auriez été ; en prétextant un voyage on en est quitte, d'autant que je ne prétendois pas que ce secret fût éternel : et après avoir employé auprès de madame d'Astrel ceux que je croirois qui pourroient l'obliger à me satisfaire, je ferois mon devoir aussitôt que je serois majeur ; et à l'égard de l'exhérédation ou du second mariage dont vous me menacez ; outre que je suis trop persuadé de la tendresse de ma mère pour appréhender qu'elle voulût pousser le courroux jusqu'à cet excès, je vous avoue que je ne regarderois pas ce sacrifice comme étant trop considérable, et que je préférerois, sans balancer, la certitude de passer mes jours dans une vie privée avec ma chère Flore, à la douceur de la plus brillante condition, qu'il me faudroit acheter par la privation de ce bonheur. Enfin, ma chère dame, il faut donner quelque chose au hasard, et attendre de lui, de même que du secours du tems, un événement favorable.

Je n'en puis prévoir, reprit madame Maronville, à moins que la mort n'enlevât madame la marquise ; mais l'âge où elle est ne le peut naturellement faire espérer de long-tems ; et sa tendresse pour vous doit l'exempter de vous le voir souhaiter. Je vous rends même assez de justice pour croire qu'une pareille pensée n'entrera jamais dans votre esprit, quand elle ne seroit pas, comme elle est, la meilleure mère du monde. Ainsi, continua-t-elle, il ne nous resteroit que la seule espérance de refaire la cérémonie de vos noces lorsque vous auriez l'âge ordonné par les lois. Je ne veux point douter que vous ne fissiez votre devoir, étant libre de le faire; mais, monsieur le marquis, vous qui me proposez d'épouser ma fille à l'espoir d'un événement favorable que vous ne pouvez prévoir, quel garant me donnerez-vous pour nous en préserver d'un terrible qui se présente naturellement à l'imagination? Je vous supplie de me dire qui vous a promis, à vous et à nous, que, malgré votre santé et votre jeunesse, vous parviendrez à cet âge nécessaire pour valider votre mariage? Avouez-donc que si ma fille avoit le malheur de vous perdre, elle resteroit déshonorée sans ressource, et qu'elle n'auroit pas même la consolation de mériter d'être plainte dans un accident qu'elle se seroit justement attiré par trop d'ambition.

De plus, ajouta madame Maronville, elle-même peut mourir et laisser des enfans incertains de leur sort, ou plutôt qui en seroient trop sûrs: leur naissance, qui ne pourroit jamais être légitime aux yeux du monde, leur laisseroit justement douter qu'elle le fût aux yeux de Dieu, notre religion n'approuvant point la rebellion ni la désobéissance des enfans envers leurs parens : outre cela, je vous avoue que, quand tous ces malheurs ne devroient pas arriver et qu'il seroit possible que vous m'en donnassiez des assurances, je ne consentirois pas encore à voir entrer ma fille dans une famille où je ne pourrois espérer d'être regardée que comme une séductrice qui auroit abusé de votre facilité, et où il seroit impossible de se flatter que Flore ne fût pas méprisée. Ainsi, monsieur, en reconnaissance de vos bonnes intentions, recevez les miennes et mes avis, vous persuadant qu'ils vous porteront toujours à ne vous jamais éloigner des sentimens que mérite une mère dont les bontés exigent de toutes façons que vous conserviez un respect sans bornes pour elle, et qui seule a le droit de disposer de votre main.

Depuis que le marquis avoit formé le dessein d'épouser Flore, il ne redoutoit plus d'obstacles à ses projets que du coté de madame d'Astrel, et il fut consterné de celui que lui opposoit madame Maronville. Il connoissoit, par expérience, la fermeté de ses résolutions, et il comprit qu'il auroit de la peine à la vaincre : cependant, trop amoureux pour se rebuter, il fit ce qu'il put afin de la faire consentir à ses désirs ; mais ses peines furent inutiles. Il s'adressa à Flore, qui jusques-là avoit gardé le silence, de même que son frère; mais il n'en put tirer autre chose, sinon qu'elle étoit convaincue de la bonté que sa mère avoit pour elle, de même que de sa prudence, et qu'elle s'en rapporteroit entièrement à ce qu'elle décideroit, ne doutant pas qu'elle ne sût mieux ce qui convenoit à ses enfans qu'ils ne le savoient eux-mêmes, et ne voulant s'attribuer que le droit de lui obéir aveuglément. Une réponse si sage et si décidée ne fut pas encore suffisante pour faire cesser les représentations du marquis; il les sollicitoit avec la même ardeur que s'il n'eût point été prévenu de ce qu'il avoit à prétendre, lorsque Nicole, arrivant de Paris, fut surprise de le voir.

Eh! bon Dieu, monsieur, lui dit-elle, qui vous croyoit ici, tandis que vous causez une si vive alarme chez vous? On a dit à madame la marquise que vous étiez sorti à cheval; elle s'est imaginée que vous alliez vous battre. Elle a commandé qu'on lui apprêtât un carrosse pour courir après vous : ses gens, tout aussi effrayés qu'elle, se demandoient les uns aux autres où madame vouloit aller, puisqu'elle ignoroit la route que vous aviez prise. Elle jette des cris dans son appartement que j'ai entendus de la rue, et qui m'ont percé le cœur. Partez promptement, monsieur, lui dit madame Marouville avec émotion, et ne laissez pas plus long-tems une tendre mère dans cette cruelle perplexité; courez la rassurer. Toutes sortes de raisons vous doivent porter à vous rendre auprès d'elle et à renoncer au dessein de faire des choses si contraires à ses intentions. Le marquis, touché de ce nouveau témoignage de l'affection de sa mère, ne put s'empêcher, malgré son amour, de sentir la force des représentations de madame Maronville; et ayant perdu l'espérance de vaincre la résolution de cette famille, il fut contraint de partir; ce qu'il ne put faire sans avoir reçu la cruelle prière de ne plus prendre la peine de troubler la tranquillité de leur solitude, ni le repos de madame la marquise.

Maronville l'accompagna jusqu'au lieu où il avoit laissé son laquais. Ce jeune homme étoit frappé du projet du marquis, et, sans avoir le moindre dessein de contredire la volonté de sa mère, il cessoit d'être indigné en voyant cesser le déshonorant motif qui excitoit son courroux. D'Astrel s'étoit bien aperçu, à sa physionomie ouverte, qu'il n'étoit plus irrité contre lui; et, se flattant de le gagner assez pour le rendre son avocat auprès de sa mère, il l'accabla de caresses, espérant qu'il le serviroit dans l'esprit de Flore; qu'il feroit cesser, par ses conseils, les airs indifférens dont elle l'accabloit, et qu'il lui fourniroit même des expédiens pour entretenir quelque liaison avec cette belle, présumant que, s'il pouvoit gagner le frère et la sœur, il parviendroit aisément à vaincre la mère.

Dans cette persuasion, il employa tout le

tems qu'ils furent ensemble à déplorer son malheur, en voulant faire convenir Maronville de l'injustice de sa mère, qui, disoit-il, s'opposoit à leur fortune par une chimère qui n'avoit point d'autre principe que l'opiniâtreté ; car enfin, ajouta-t-il en lui serrant la main, je comptois que mon bonheur et celui de votre sœur auroient fait le vôtre : je ne vous en veux point de mal, poursuivit-il ; j'ai, malgré cela, toutes les envies du monde de vous servir ; mais convenez donc qu'il n'y a pas de raison ni de tendresse pour sa fille, à l'obstination que madame Maronville fait paroître en s'opposant à l'avantage de sa famille : car je vous proteste que l'amitié que j'ai pour vous est aussi sincère que l'amour que j'ai pour votre sœur. Maronville lui témoignoit sa reconnoissance dans des termes qui ne sentoient nullement le villageois, l'assurant qu'il étoit au désespoir que sa mère trouvât des difficultés qui l'empêchoient d'accepter l'honneur qu'il leur vouloit faire ; mais qu'étant certain de la tendresse qu'elle avoit pour sa sœur et pour lui, il étoit persuadé qu'elle ne l'eût pas refusé, si elle eût cru pouvoir le satisfaire sans danger ; que c'étoit à elle à régler la conduite de ses enfans, et à eux à s'en rapporter à sa prudence, devant être certains qu'elle faisoit tout pour le mieux et pour leur avantage. Le marquis n'en put tirer rien de plus, ni l'engager à lui promettre de favoriser des visites secrettes qu'il lui proposoit de rendre à sa sœur en sa présence. ni même de lui donner de ses nouvelles : il fut obligé de monter à cheval sans avoir obtenu la moindre chose.

En arrivant à la porte Saint-Antoine, il y rencontra Dupuy qui en sortoit, et qui venoit au-devant de lui, présumant qu'indubitablement son amour l'avoit conduit du coté de la demeure de Flore. Le chagrin qu'il en rapportoit étoit si remarquable, que ce domestique se douta bien que sa visite avoit eu le succès des précédentes. Ah ! s'écria d'Astrel en l'abordant, que je suis à plaindre ; que toutes les idées que tu as eues au sujet de Maronville, sont fausses ! Il s'en faut bien que leur caractère te soit connu. Quoique ce peu de mots augmentât considérablement la curiosité de Dupuy, il n'osa lui en demander l'explication : il étoit trop pressé de calmer les alarmes de la marquise, et lui apprit les inquiétudes où elle étoit par son absence, le sollicitant de s rendre auprès d'elle le plus diligemment possible, s'il vouloit lui rendre la tranquillité ; ajoutant qu'elle seroit morte de douleur, sans le soin qu'il avoit pris de l'assurer qu'il savoit où il étoit, et s'il ne lui avoit pas juré qu'il n'y avoit aucun danger, cette sortie n'étant qu'une promenade de plaisir, et rien de plus ; que, sur cette assurance, elle avoit pris quelque repos, mais qu'elle lui avoit ordonné de le venir chercher, de revenir au plus vîte lui en dire

des nouvelles, ou de le ramener lui-même.
Le marquis, à un discours si pressant, n'eut pas
moins d'impatience d'aller rendre le calme à
sa mère, qu'elle en avoit de le recevoir, et il
fut aussi sensible à ce dernier trait de son affection, qu'il lui é oit possible de l'être à tout ce
qui n'étoit pas son amour.

Il la trouva encore plus alarmée que Dupuy
la lui avoit représentée. Il la remercia tendrement, et, pour achever de la rassurer, il lui
protesta que cette démarche n'avoit eu d'autre
fondement que le désir de se promener ; ce qui
lui avoit fort bien réussi, se trouvant mieux que
quand il étoit sorti ; néanmoins que s'é ant levé
matin, il avoit envie d'aller se remettre au lit.
Il y fut effectivement, non pas pour se reposer
comme il le disoit, mais pour être en liberté
d'entretenir Dupuy sans être interrompu. Aussitôt qu'il fut seul avec lui, il lui rapporta toute
la conversation qu'il venoit d'avoir. Tu vois,
lui dit-il, si j'ai tort de dire que tu me flattes
mal-à-propos, puisque c'est toi seul qui as causé
mon infortune par les fausses espérances dont tu
m'abusois. Selon tes discours, je n'avois qu'à
paroître et à faire briller l'or pour devenir heureux ; ensuite, quand elles ont refusé mes présens, c'étoit par une finesse, et pour profiter
de ma passion ; elles vouloient m'enflammer
assez pour m'obliger à épouser Flore ; ce
mariage étoit le seul but de leurs désirs ; il assu-

roit leur fortune, et elles ne souhaitoient que cela. Il sembloit, à l'entendre, que je n'avois qu'à me mettre au-dessus de la raison, et qu'aussitôt qu'elle seroit vaincue je ne trouverois plus d'obstacle. Je l'ai bannie de mon cœur, cette importune raison, s'écria-t-il en soupirant, mais je n'en suis pas moins à plaindre, puisque je l'ai retrouvée dans la sévérité de madame Maronville, qu'elle a su garantir des atteintes de l'intérêt et de l'ambition, et qui préserve sa fille de celle de l'amour : car je ne puis me flatter qu'elle en ressente la moindre étincelle, ses discours et sa tranquillité ne me prouvant que trop qu'elle est insensible pour moi. Enfin, continua-t-il d'un air désespéré, elles ont refusé ma main, non pas avec la fierté dont elles refusoient les offres moins honorables par où j'ai débuté ; mais avec une politesse naïve, qui, dans le tems qu'elles ne me dissimuloient point leur sensibilité à ce trait de mon estime, ne me cachoient pas plus qu'elles vouloient se retrancher à la mériter sans avoir attention de s'en rendre indignes en se prévalant de ma foiblesse ; en sorte, continua-t-il en soupirant, que je n'ai plus aucune espérance, puisque non seulement il faudroit que ma mère consentît à cette union, mais encore qu'elle en fît les avances, de même que pour une fille de qualité, cette femme m'ayant prevenu qu'elle ne donneroit la sienne qu'à cette condition. Quel pourroit donc être le mystère que cache leur refus, (supposé qu'il ne fût pas sincère ? J'ai offert tout ce qui dépendoit de mon pouvoir; en continuant de feindre, elles n'en pouvoient tirer rien de plus, sachant, comme moi, que l'aveu de ma mère n'est point en ma puissance.... Que je suis malheureux !

Le marquis eut le tems d'exagérer son malheur, et d'en détailler toutes les circonstances, sans que Dupuy pensât l'interrompre, étant si surpris, qu'il ne savoit que lui dire, et n'ayant jamais imaginé qu'il pût y avoir un cœur assez insensible pour résister aux charmes et à la libéralité de son jeune maître. Il s'étoit persuadé que l'ambition causoit seule la résistance de ces femmes, ne pouvant l'attribuer à une sagesse dont il croyoit toutes les personnes de leur sexe bien éloignées, n'imaginant pas qu'il pût y en avoir aucunes de vertueuses ; celles qui avoient le bonheur de le paroître, ne l'étant, selon lui, que par quelques raisons secrettes qui masquoient leurs vices sous l'apparence de la sagesse ; et même en supposant qu'il y en eût d'assez prévenues ou assez aveugles pour croire intérieurement mériter une estime escroquée, il pensoit qu'elles-mêmes étoient dans l'erreur, et croyoient de bonne foi haïr l'amour, tandis qu'en effet elles ne haïssoient que l'amant. Mais, dans cette occasion, tout son système se trouvoit renversé: l'ambition et l'intérêt étant d'accord, et la

personne du marquis ne pouvant manquer à
satisfaire l'amour, il fut épouvanté de trouver
des femmes assez singulières pour être inaccessibles à toutes les passions qui font agir les autres.

Ne pouvant plus s'empêcher de convenir de
leur vertu, cette connoissance lui inspira autant
de respect et d'estime pour elles, qu'il avoit eu
de mépris jusqu'à ce moment. J'avoue ma faute,
disoit-il, et je conviens que si toutes les femmes
avoient autant de sagesse et de raison, elles
seroient adorables. Mais, monsieur, poursuivit-il,
quelque chagrin que vous cause leur fermeté,
je ne puis m'empêcher de vous dire que vous
devez bénir le ciel d'être tombé entre les mains
d'une personne de ce caractère, puisque l'impossibilité de vous contenter vous remettra dans
la voie de la raison dont vous étiez si fort écarté,
et vous préservera du danger que vous avez
couru. Regardez-la à présent sans prévention et
considérez que ce seroit mal-à-propos que vous
vous flatteriez de l'indulgence de madame votre
mère. Vous pouvez, au contraire, être persuadé que, si cette aventure se fût terminée
comme vous l'espériez, elle auroit considérablement aliéné sa tendresse.

Vous n'ignorez pas, poursuivit-il, que son
unique défaut est l'ambition, et qu'elle ne désire rien plus ardemment que de vous élever
au faîte de la grandeur, quand elle devroit
acheter cette satisfaction par la perte de sa vie.

Jugez, je vous supplie, de quel œil elle vous auroit vu l'époux de sa laitière. La disproportion l'auroit fait mourir de douleur, et peut-être que vous auriez eu le même sort après quelques mois de possession. Cette femme a raison, très-assurément, sa fille vous auroit rendu malheureux, sans devenir heureuse ; elle le sera infiniment davantage avec un mari qui ne sera pas plus gros seigneur qu'elle.

Alors, trouvant une belle occasion de moraliser, Dupuy s'étendit en détail sur le malheur des pères et des mères de qui les enfans ne consultoient que leur fantaisie, et qui, pour récompense des soins qu'ils en avoient pris, abusant de l'autorité des lois, se marioient sans le consentement de leurs parens. Ces moralités furent poussées si loin, qu'elles fatiguèrent le marquis. Taisez-vous, raisonneur, lui dit-il d'un ton ferme, je suis bien en état d'écouter des remontrances de la part d'un homme comme vous, précisément sur une faute que je n'ai pas commise, parce qu'il n'est point en mon pouvoir de la commettre. Pensez-vous, monsieur le discoureur, poursuivit-il avec feu, que si la chose étoit à mon choix, ce seroit votre belle éloquence qui m'en détourneroit, et que je ne me sois pas dit tout ce que vous pouvez me dire ? Ah ! s'il m'étoit possible de suivre les conseils de la raison, mes propres sentimens m'y auroient déterminé ; mais l'amour est plus fort

Tome I. K

que moi ; je suis au désespoir de ce que les Maronville, en m'empêchant de commettre ces
fautes prétendues, me prouvent cruellement
qu'elles ont autant de raison que j'ai d'amour.

Après une réponse aussi brusque, sans attendre de réplique, le marquis ordonna à Dupuy de
se retirer. Il ne se le fit pas redire, et s'en alla
fort satisfait de voir son maître préservé, malgré lui, du danger qu'il avoit couru, ne pouvant
néanmoins revenir de la surprise où le jettoit le
désintéressement de ces villageoises. Il n'en avoit
jamais connu que d'une espèce différente. Le
commerce qu'il avoit eu ci-devant avec les dames
que voyoit le feu marquis d'Astrel, ne lui avoit
pas appris à les estimer, parce que son maître
s'étoit toujours appliqué à chercher les plus aimables, et non pas les plus sévères. Comme il
avoit passé sa jeunesse auprès de lui, il n'étoit pas
étrange qu'il y eût pris les impressions désavan-
tageuses qui lui donnoient si mauvaise opinion
du sexe en général. Mais en reconnoissant son
erreur, les appas de la jeune Flore se pré-
sentèrent à son imagination : il lui sembla que
ce qui étoit au-dessous de son maître seroit
fort assortissant pour lui, parce qu'il étoit tout
apparent que cette femme qui avoit trop de vertu
pour permettre à sa fille d'être maîtresse d'un
grand seigneur, trouveroit assez avantageux un
mariage où il n'y auroit aucune inégalité, et
qu'en refusant de se laisser séduire au brillant

trompeur qui lui représentoit Flore dans un état
qui ne pouvoit avoir que des suites fâcheuses,
elle accepteroit, sans balancer, un établissement
aussi considérable que le sien, la disproportion
n'étant que dans l'âge, parce qu'en effet il avoit
près de trente ans plus qu'elle ; mais ce défaut
étant rectifié par beaucoup de bien, Dupuy ne
comptoit point qu'il dût lui faire obstacle.

Effectivement il étoit à son aise pour un homme
de sa condition. Presque né chez le père de son
maître, de qui il avoit été dans sa jeunesse le
laquais favori, avec qui il avoit amassé une
somme assez forte, et étant devenu depuis
l'homme de confiance de toute la maison, il
avoit joint à ses gages accumulés des présens et
des gratifications qui le rendoient un peu au-
dessus des espérances d'une paysanne, ayant
plus de quarante mille livres de bien, sur quoi
il ne dépensoit pas un sol pour son entretien. Outre cela, en cas que sa belle-mère exigeât qu'il
cessât de servir, il ne doutoit point que la marquise n'eût assez de crédit pour lui faire avoir
un emploi. Ainsi ayant examiné toutes choses
il se persuada qu'il seroit plus heureux que
n'avoit été le marquis, et qu'il seroit accepté
sans difficulté par les mêmes personnes qui
avoient refusé un homme fort au dessus de lui,
avec tous ses avantages.

Ses projets étant formés sur des fondemens aussi
solides, il résolut de s'expliquer incessamment,

et de ne point laisser le tems à madame Maronville d'éloigner sa fille ou de prendre d'autres
engagemens pour la dérober aux poursuites d'un
jeune homme amoureux. Sans en rien communi-
quer au marquis, il ne retarda l'exécution de son
dessein que jusqu'au lendemain matin, et il
sortit de bonne heure, après avoir ordonné aux laquais de dire qu'un de ses parens l'avoit envoyé
chercher, parce qu'il étoit fort mal : prétexte ordinaire des valets. Il prit en diligence le chemin de Vincennes ; arrivant chez madame
Maronville à-peu-près à la même heure où son
maître y avoit été la veille. Il trouva la famille
dans la même occupation que le marquis avoit
interrompue par sa présence. La mère, croyant
que c'étoit encore une ambassade, témoigna
sans façon à Dupuy le peu de plaisir qu'elle
avoit à le voir. Mais l'interrompant au premier
mot, il lui déclara qu'il venoit pour lui, et non
pour personne.

Il commença son entretien par les louer infiniment de la générosité et du sens qui leur avoit
fait refuser d'abuser de la passion de son maître
pour faire un mariage qui les auroit perdus
indubitablement, puisque la marquise n'auroit
pas manqué de le découvrir ; de le faire casser et
de mettre Flore dans un couvent où elle auroit
passé tristement sa vie. Madame Maronville, à
ce discours, ne sortant pas de sa tranquillité
ordinaire, l'écouta sans l'interrompre ; mais

lorsqu'il eut cessé de parler, elle lui demanda quel étoit donc le sujet qui l'amenoit, puisqu'il ne venoit pas par les ordres de M. d'Astrel. Je crois m'être déjà assez expliqué, lui dit-il, en vous déclarant que ce n'est que pour mon compte. Je vais me faire entendre plus précisément, et vous dire qu'après avoir connu par l'expérience de mon maître combien vous êtes éloignée de l'ambition qui possède et perd ordinairement les femmes de notre condition, je vous ai trouvée digne de tout ce que monsieur le marquis a voulu faire pour vous. Je le plains d'être d'une qualité qui lui ôte l'espérance de posséder la belle Flore, et j'estime mille fois moins son rang que le mien, puisque Dupuy peut se flatter d'un bonheur qui est refusé à un marquis; car je suis persuadé, madame Maronville, ajouta-t-il, que vous n'avez pas renoncé à marier votre fille, et j'ose espérer que vous ne me la refuserez pas.

Je vous offre un homme d'un état convenable au sien, continua-t-il; j'ai plus d'âge que M. d'Astrel, il est vrai, mais, par conséquent, je suis plus capable de constance. J'ai une famille qui sera ravie de la posséder, et je suis assez riche pour la rendre heureuse. Quant aux avantages que je lui ferai, j'en laisse le soin à votre discrétion; ce sera vous qui réglerez le contrat, et à qui je donnerai un état fidèle de mon bien. Sur cela il lui en fit le détail, de même que des projets par où il prétendoit faire leur bonheur.

K 2

Le plan qu'il proposoit étoit assez raisonnable ; cependant toute la famille demeura muette : il en fut surpris, et voyant qu'on ne lui répondoit rien, il en demanda la raison. Enfin la mère lui dit que sa recherche leur faisoit plaisir ; que malgré cela, sa fille n'ayant que seize ans, elle n'étoit pas encore résolue de l'éloigner d'elle de quelque tems ; que ce qu'il proposoit étoit faisable, et pourroit s'exécuter un jour : mais qu'il n'étoit pas à propos d'y penser, tant que l'amour du marquis subsisteroit, parce qu'il n'y avoit aucune apparence qu'il souffrît paisiblement que son domestique épousât à ses yeux une fille qui lui auroit été refusée, à moins que ce ne fût de son consentement et pour sa commodité ; ce qu'elle étoit bien éloignée de penser ; que cette circonstance la mettoit dans une nécessité absolue de suspendre une réponse qui méritoit qu'on y fit réflexion, et que quand sa fille ne se marieroit pas de trois ou quatre ans, elle seroit assez jeune pour ne pas faire dire qu'elle avoit beaucoup tardé. Dupuy, offensé de l'espèce de soupçon que la Maronville lui faisoit paroître, en disant qu'elle ne l'avoit, lui fit tous les sermens qu'il put imaginer pour se justifier, l'assurant qu'il avoit trop d'honneur et d'amour pour concevoir des desseins si indignes. J'en suis persuadée, reprit cette femme ; mais, en ce cas, vous ruineriez votre fortune, et monsieur le marquis, loin de vous protéger comme vous avez sujet de vous en flatter, de-

viendroit votre plus cruel ennemi : c'est à quo
vous ne devez pas vous exposer.

Dupuy, que cette politique n'accommodoit
point, lui dit qu'en cas que le marquis s'offensât
de son établissement, et qu'il ne voulût rien
faire pour lui, il étoit en état de se passer de sa
protection, d'autant mieux que celle de la marquise y suppléeroit. Mais croyez-vous, lui dit-il,
que son amour subsiste long-tems après la perte
de ses espérances? Je suis persuadé qu'il revien-
dra, avant qu'il soit peu, d'une passion dont il
éprouve l'inutilité. Eh bien! reprit-elle, nous
pouvons attendre ce moment : et puisqu'il est si
proche, il ne faut rien précipiter ; quand il sera
arrivé, nous verrons ce que nous aurons à faire.
Dupuy, se voyant ainsi éconduit, demanda, pour
dernière grâce, la liberté d'entretenir Flore, et
de savoir ce qu'elle pensoit de cette proposition.
La mère y consentit sans difficulté ; mais il n'en
fut pas mieux, parce qu'elle lui dit, en peu
de mots, qu'elle n'avoit point d'envie de se
marier si jeune, et que, quand elle penseroit
différemment, elle s'en rapporteroit entièrement
aux sentimens de sa mère, et au choix qu'elle
auroit la bonté de faire pour elle, en souhaitant
que ce ne fût pas si-tôt.

Enfin, malgré les plus pressantes instances,
Dupuy fut obligé de se retirer sans avoir pu
obtenir de raison plus positive, ni même la permission de revenir les voir ; il fut seulement prié

d'employer le crédit qu'il avoit auprès du marquis pour détruire une passion qui ne servoit qu'à troubler leur repos, lui promettant d'être reconnaissante de ce service. Etant ainsi congédié, il fut obligé de partir, avec une espérance aussi éloignée qu'elle étoit incertaine, et pourtant dans la ferme résolution de ne rien négliger pour détourner son maître d'une concurrence aussi préjudiciable à ses intérêts. De retour auprès de lui, il voulut commencer à y travailler ; et pour lui faire sa cour tout ensemble, il lui dit que, malgré la répugnance qu'il auroit à le voir prêt à faire un si mauvais marché, le chagrin où le plongeoint les obstacles que ces femmes lui apportoient l'avoit engagé d'aller chez elles pour tâcher de les rendre traitables ; mais qu'il auroit autant réussi à entreprendre d'amollir des marbres, ne mettant point en doute, par quelques signes d'intelligence qu'il avoit surpris entr'elles, que l'obstination de la mère ne vînt de l'éloignement déterminé qu'elle voyoit pour lui dans le cœur de sa fille ; cet éloignement n'étant vraisemblablement causé que parce que cette villageoise n'étoit pas accoutumée à voir des gens faits comme lui, ou peut-être parce qu'elle étoit prévenue en faveur de quelque jeune manant.

Ces discours, qui renouveloient dans l'esprit du marquis la certitude de la cruelle résolution de madame Maronville, et qui y ajoutoient un soupçon qui fit naître dans son cœur une jalousie subite, ne le disposèrent point à recevoir, avec reconnoissance, la démarche que le zèle prétendu de Dupuy lui avoit fait faire. Loin de l'en remercier, il lui ordonna sèchement de se taire, et de ne point augmenter sa peine par une nouvelle confirmation du malheur qui ne lui paroissoit que trop assuré, lui défendant absolument de ne lui jamais parler de Flore, dont il n'avoit le souvenir que trop présent. Cependant il retomba dans une mélancolie terrible : la pensée d'être haï, et d'avoir peut-être un rival préféré, le mettoit au désespoir ; ne doutant pas que Dupuy n'eût raison, et ne voyant qu'une aversion invincible qui fût capable de faire refuser des propositions qui auroient dû leur paroître très-avantageuses, puisqu'il avoit trop bien réparé la faute que lui avoient fait commettre les desseins offensans qu'il avoit témoignés d'abord contre leur vertu ; et il ne pouvoit croire qu'elles en conservassent un ressentiment assez préjudiciable à leurs propres intérêts pour les obliger à refuser un établissement qui leur devoit paroître si fort au-dessus de leurs espérances. Quant à lui, il ne lui en restoit aucune ; mais ce qu'il y avoit de cruel, c'étoit de les avoir perdues sans perdre son amour, et d'être obligé de dissimuler sa douleur aux yeux de sa mère.

Il ne désiroit que d'être seul ; c'étoit son

unique consolation : et comme les promenades solitaires pouvoient causer à la marquise les mêmes alarmes que celle qu'il avoit faite à Vincennes, il n'osoit chercher la retraite ailleurs qu'au milieu du grand monde, et il la trouvoit aux spectacles, où il étoit fort assidu, non pour avoir le plaisir de les voir, mais pour y rêver à son aise sans être interrompu : il se mettoit dans le fond d'une loge où il se rendoit des premiers, et d'où il ne sortoit que long-tems après tout le monde. Un jour qu'à son ordinaire il y étoit, peu attentif à la pièce, le comte de Maraudel entra dans le même lieu. Le marquis ne l'auroit pas connu, tant il étoit absorbé dans ses pensées, s'il ne lui eût parlé. Le comte lui demanda s'il étoit malade; à quoi, poussant un grand soupir, il répondit que non.

Quoi! dit son ami, tu te portes bien, et tu soupires; que peux-tu donc avoir qui te trouble? Jeune, riche, aimable, recherché d'amitié par tous les hommes, et d'amour par les belles, adoré d'une mère qui prévient tes désirs, maître, non seulement de tes volontés, mais encore des siennes, que peut-il te manquer pour être heureux ? Il s'en faut bien que je le sois, répondit tristement le marquis. Mais, repartit le comte avec étonnement, quelle peut être la cause de ton chagrin? Seroit-il possible que tu fusses malheureux en amour, et que, pour surcroît de merveilles, tu fusses assez du vieux tems pour ne pas le venger d'une cruelle en l'abandonnant à ses sottes rigueurs? Le marquis ne répondit que par un nouveau soupir. Ah! j'y suis, s'écria le comte, tu aimes une de nos princesses, et tu ne peux espérer d'être son époux; car je ne pense pas qu'il y ait d'autre maison que la maison royale qui puisse te faire appréhender de voir refuser tes vœux. Je n'en connois point dans le royaume qui ne te reçoive avec plaisir, supposé que ce soit l'amour de l'hymen qui te presse. Mais en cas que tu aimasses assez sagement pour ne songer qu'à t'amuser, tu n'es pas fait de façon à être méprisé d'une belle dont tu voudrois bien prendre la peine d'orner le triomphe. D'Astrel, à ce discours levant les épaules, le regarda comme s'il lui avoit tenu un propos fort extraordinaire. Faut-il que j'entende toujours parler de la sorte? lui dit-il d'un air impatient. Et quand tout ce que tu me dis d'obligeant seroit assuré, peut-on croire qu'il n'y a point de place imprenable? S'il en est, reprit le comte, je ne pense pas qu'elles soient extrêmement communes, sur-tout quand l'assiégeant est de notre âge et de notre figure, et je vois que les siéges ne durent qu'autant qu'il le faut pour nous faire valoir le prix des conquêtes.

Tu es heureux d'avoir cette idée, répondit le marquis; mais pour moi qui éprouve le contraire, je ne puis penser si obligeamment en ma faveur. T'amuserois - tu à filer le parfait amour pour une inhumaine? reprit le comte. Si cela étoit, permets, mon cher, que je te dise que tu serois plus fou que ne le fut jamais Cyrus ou le gentil Céladon.

Quoi qu'il en soit, dit d'Astrel, je consens que tu jouisses du plaisir dont te comble la manière d'aimer, et je te félicite de ton bonheur sans l'envier. Mais de grâce laisse-moi ma mélancolie, je n'en suis pas le maître : au contraire, elle redouble par la contrainte où me met le soin de la cacher; il me semble que si j'avois la liberté de m'y abandonner, je pourrois la vaincre, ou j'y succomberois tout-à-fait, car il est impossible que l'un ou l'autre n'arrive dans peu. Le comte de Marandel étoit celui des amis du marquis qui lui étoit le plus tendrement attaché : ils avoient vécu ensemble dès leur plus tendre enfance ; ne s'étant séparés que quand d'Astrel partit pour ses voyages, il s'étoient revus à son retour avec les mêmes sentimens. Il étoit un de ceux qui avoient été à sa terre avec lui ; et se rappelant la tristesse qui paroissoit dès ce tems-là dans toutes ses actions il ne douta point qu'il en eût un sujet essentiel.

Tu parles d'un ton si sérieux, lui dit-il, que je n'ose plus badiner; mais, mon ami, que ne retournes-tu à la campagne ; il n'est point d'endroit plus commode pour essayer du remède

que tu crois propre à ton mal. Oui, reprit le
marquis, ce seroit le seul moyen ; mais je ne
puis pourtant le prendre chez moi , après avoir
mis la noblesse des environs sur le pied d'y venir librement , et je serois moins seul que je ne
suis à Paris. Eh bien ! je pars pour aller dans
mes terres, dit le comte, où je ne suis pas
dans l'habitude d'y recevoir tant de monde, presque tous mes voisins étant des gens âgés, ou
des dames graves, chez qui je vais sans qu'elles
viennent me rendre visite, n'ignorant pas que
je suis peu sédentaire, et que mon château n'est
point assez rangé pour recevoir compagnie ,
avec tous les agrémens que j'y voudrois donner.
Viens avec moi, poursuivit-il, nous y vivrons
librement, nous ne nous gênerons point ; je te
laisserai rêver tant que tu voudras, et peut-être
que, si tu veux me confier tes peines, mes conseils te feront trouver du soulagement. Le
marquis se défendit quelque tems d'accepter ces
offres, mais à la fin il se rendit aux sollicitations
pressantes de son ami, avec la condition qu'il
agiroit de la même sorte que s'il n'avoit personne chez lui, et qu'il visiteroit ses voisins
comme de coutume , sans exiger qu'il l'accom-
pagnât dans ses visites. Le comte le lui promit ,
et ils prirent leurs mesures pour partir le lendemain à la fraîcheur. Le marquis prévint le
même soir sa mère sur ce voyage, qu'elle approuva à l'ordinaire.

Tome I.   **L**

Il ne mena avec lui qu'un laquais, Dupuy n'ayant pû le suivre, parce qu'il étoit un peu incommodé. Ils ne furent pas fachés de ce contretems ni l'un ni l'autre. En arrivant à cette terre d'Astrel trouva que son ami lui avoit accusé vrai et qu'en effet le logement étoit trop dérangè pour qu'il y pût attirer du monde. Le comte de Marandel étoit d'un caracteère bien différent de d'Astrel; ses passions étoient violentes, se croyant tout permis pour es satisfaire, et s'imaginant que tout étoit fait pour lui sans se croire obligé à se contraindre pour personne, sur-tout lorsque ceux à qui il avoit affaire lui étoient inférieurs. Cependant ces défauts ne venoient que d'une éducation mal administrée, qui, loin de réprimer la violence de son naturel, l'avoit excitée, entendant continuellement retentir à ses oreilles sa haute naissauce, son bien et les grands emplois où il pouvoit prétendre, les établisemens importans qui étoient à son choix, et outre cela ses qualités personnelles, avec sa belle figure.

Malgré tous les soins que l'on avoit pris à le gâter, il avoit pourtant un heureux naturel, et rien n'étoit capable d'eflacer de son caractère celui d'ami véritable. Tout lui paroissoit facile pour servir ceux à qui il donnoit ce nom, et il auroit été fort heureux pour lui que sa prudence eût égalé son zêle. Il laissa pendant quelque tems le marquis en proie à sa tristesse, autant pour

tenir la promesse qu'il lui avoit faite de ne le
point contraindre, que par son inclination
éloignée de la solitude et du chagrin. Mais enfin
la chose fut poussée si loin par le marquis,
qu'elle attira l'attention du comte, et que l'ami,
surmontant en lui le jeune homme dissipé, fit
trève à ses plaisirs pour participer aux peines de
cet ami, ne se croyant pas obligé à une discrétion qui, poussée trop loin, lui ôteroit le
moyen de le secourir. Il s'empressa à le tirer de
l'accablement où il étoit, en le sollicitant de
renoncer à cette vie solitaire, et de venir avec
lui se promener dans le voisinage où il se divertis-
soit à merveille, et où chez des dames vénérables
il en avoit trouvé d'une jeunesse brillante, qui
n'avoient pas coutume d'y être, l'assurant
que leur vue vaincroit sa sombre humeur.

Quelqu'agréable que fut le récit des douceurs
dont le comte jouissoit, il ne put persuader au
marquis de les partager avec lui : il le refusa
absolument, en lui disant qu'il n'étoit pas en
état d'en profiter. Le comte, qui s'attendoit
bien que sa proposition ne seroit pas acceptée
d'abord, ne fut point étonné de son refus ; au
contraire, il lui fit plaisir, en lui fournis-
sant l'occasion d'entrer en matière : c'étoit di-
rectement ce qu'il cherchoit. Si tu voulois me
confier tes peines, lui dit il, quoique je ne
puisse croire qu'elles aient un médiocre fondement, en voyant l'effet qu'elles causent, je se-

sois peut-être assez heureux pour réussir à te soulager ; je ne prétends pas faire mon éloge, continua-t-il, mais je puis dire qu'il n'y a point d'homme plus dévoué à ses amis que je le suis, et je me flatte que tu ne doutes point que je ne sois le tien : ainsi tu ne dois pas craindre de m'apprendre ton secret, devant être persuadé que, si j'y puis quelque chose, ma fortune, mon bras et tout ce qui dépend de moi te sont entièrement dévoués. Ce n'est point la curiosité qui m'oblige à te solliciter à m'ouvrir ton cœur, poursuivit-il ; la seule amitié me force à t'en presser. Tu m'as laissé entendre, ajouta-t-il, qu'il étoit causé par l'amour : n'appréhende point, je t'en conjure, de me faire la confidence entière ; je ne suis ni en droit, ni d'humeur à m'ériger en censeur sévère ; au contraire, je ne te demande cet aveu qu'avec l'intention d'essayer à te servir. Mais il faut que je sache si ton affliction est causée par l'infidélité de ta belle, ou par les obstacles qu'un mari fâcheux et une famille incivile mettent aux succès de tes vœux. Le marquis lui répondit qu'aucun de ces motifs n'avoit de part à sa peine, et qu'il seroit trop heureux si ce n'étoit que cela.

Le comte, surpris de ce discours, le pria de s'expliquer, ne pouvant comprendre le sujet d'une infortune qui n'étoit causée ni par les cruautés de la dame, ni par la bizarrerie des surveillans. Mais le marquis persistant à dire que

son mal étoit sans remède : Elle est donc morte?
s'écria Marandel. J'ai entendu dire que c'étoit le
seul malheur qui fût irréparable.... et même je le
nie; car en ce cas on a le secours de l'oubli.
Continuant à le presser, il s'y prit si amica-
lement, que le marquis, ne pouvant se refuser
la consolation de parler de ce qu'il aimoit, dont
il étoit privé par l'absence de Dupuy, ravi de
retrouver en son ami ce qu'il perdoit en son domestique, cessa de se contraindre, et lui apprit
tout ce qui s'étoit passé depuis le premier jour
qu'il avoit vu Flore.

Tu connois, par ce que je viens de te dire,
poursuivit-il, qu'il ne me reste aucune espérance de vaincre une fille qui ne peut être engagée par amour, par intérêt ni par ambition;
ainsi je suis d'autant plus à plaindre dans ce
malheur singulier, qu'en me désespérant, elle
a conservé mon estime; ce qui augmente mon
amour; car si j'avois pu lui remarquer quelques
défauts ordinaires au sexe, je la regarderois
comme les autres femmes, et le mépris me
rendroit la tranquillité; mais bien loin que la
raison combatte mon inclination, c'est elle qui
l'augmente en me faisant connoître que cette
charmante fille est parfaite, et qu'elle a autant
de vertu que de beauté : elle seule peut me
rendre heureux, et l'amour que j'ai pour elle
me donne un tel dégoût pour les femmes en
général que, ne pouvant obtenir celle que je

crois digne d'être aimée, je renonce totalement à toutes les autres. Le comte écouta les plaintes du marquis avec une tranquillité qui ne lui étoit pas ordinaire. Mais quand il eut fini, il fit un si grand éclat de rire, que d'Astrel pensa s'en fâcher. C'étoit donc pour te moquer de moi, lui dit-il d'un air mécontent, que tu demandois ma confiance avec tant d'empressement ? Non en vérité, reprit le comte, j'y suis sensible autant que l'on peut être ; mais je ne puis m'empêcher de rire en voyant à quel point l'amour aveugle un homme d'esprit, en lui faisant paroître un éléphant où il n'y a pas un moucheron; et si tu voulois, poursuivit-il, faire trêve pour un moment à ta prévention, tu verrois que, loin d'avoir des difficultés insurmontables, rien n'est si aisé que de te satisfaire. Crois - moi, mon cher marquis, ajouta-t-il, une paysanne n'est pas faite pour causer le malheur de ta vie, ni pour te faire acheter ton plaisir par le sacrifice de ta liberté, en te contraignant à désirer un mariage inégal qu'elle a même l'insolence de refuser, tandis qu'en le faisant tu te couvrirois de honte.

Ah! s'écria le marquis, que si je pouvois vaincre ces obstacles, je ne regarderois pas cette action des mêmes yeux que toi ; sans me croire déshonoré, je m'estimerois bien heureux : j'ai surmonté tous les scrupules que je pouvois avoir sur cela, et si tu as autant d'envie de m'obliger que tu m'en assures, emploie tes lumières, non à me représenter une faute que je ne commettrai jamais assez tôt, mais à me fournir des expédiens pour résoudre la mère et la fille à me permettre de la faire. Puisque c'est une chose entièrement résolue, reprit le comte, tout ce que je te pourrois dire seroit inutile, et tu dois t'être dit à toi-même ce qu'un ami te diroit. Je le suis, et non pas ton censeur; ainsi je ne t'en parlerai plus pour t'en détourner, mais seulement pour te servir. J'en sais, continua-t-il, un moyen aussi sûr que prompt, qui te rendra maître de faire ce que tu jugeras à propos; tu l'épouseras si tu continues à en avoir la fantaisie; ou si tu veux prendre le parti le plus sage, tu la tiendras sur un tout autre pied; à quoi je te promets qu'elle ne fera aucune résistance, et voici comment. La distance est si grande entre vous deux, qu'en prenant nos mesures comme je les imagine, l'attirant dans quelqu'endroit secret et sûr, ce sera un mystère enseveli; tu m'entends? . . . . . . Quoi? interrompit d'Astrel, c'est ce bel expédient que tu traites d'infaillible? Tu me crois homme à me rendre heureux en faisant violence à une fille que j'aime et pour qui j'ai autant d'estime que d'amour? Ah! tu me connois mal; plutôt que de lui déplaire et d'accepter le secours que tu m'offres, je donnerois ma vie pour sa défense si quelqu'un entreprenoit d'exécuter cet injuste dessein.

Je sais, poursuivit-il, la différence que le hasard a mis entr'elle et moi, mais je sais aussi que c'est un caprice de la fortune, où sa conduite n'a point de part, puisque son mérite répare le défaut de sa naissance. Ah! mon cher Marandel, ajouta-t-il tendrement, si elle t'étoit connue, tu changerois bientôt de sentiment! Loin de vouloir l'insulter, tu t'empresserois à la servir; ainsi, puisque c'est tout le secours que ton amitié peut m'offrir, je n'ai point d'espérance de cesser d'être malheureux, t'avouant même qu'il faut que je t'aime autant que je fais pour ne te pas vouloir de mal d'une aussi injuste proposition.

Tu t'offenserois à tort d'un projet que la seule affection m'a fait imaginer, dit le comte, et je t'avoue à mon tour que, sans manquer au respect dû à une personne de sa condition, j'ai cru qu'il pouvoit être permis de forcer la mère d'accepter le bonheur de sa fille, et de vaincre les scrupules qui l'empêchoient de consentir à un mariage secret avec un homme d'un rang où elle ne devoit pas prétendre sans témérité, et sans le secours de la folie qui la possède. Je gagerois, ajouta-t-il, que Flore enrage des visions de sa mère; presqu'indépendamment du rang que tu lui offres, il faudroit qu'elle n'eût pas le sens commun, si elle ne te distinguoit avantageusement entre ceux qui lui font la cour... Mais si elle aime quelqu'un? interrompit le marquis...... Eh bien! elle cessera de l'aimer, reprit le comte. Il ne seroit pas impossible que cela eût été avant qu'elle t'eût vu; mais il est de toute impossibilité qu'elle ne donne pas la préférence à un homme de ta sorte; quoiqu'il plaise à ta modestie de te faire penser autrement, et de trouver que je lui fais tort. Ah! mon ami, tu as raison, et en vérité le marquis d'Astrel n'est pas digne d'entrer en comparaison avec un seigneur qui est peut-être décoré de la dignité de collecteur, de chasse-chien de la paroisse, ou même de marguillier, que sait-on? Elle est assez belle pour prétendre à donner des chaines aux plus grands cœurs. Eh bien! en généreux chevalier, prends sa défense contre le téméraire qui ose ne la pas croire une divinité; je te proposois l'unique moyen de terminer tes peines et de te rendre heureux, tu ne l'approuves pas, n'en parlons plus, seigneur. Alors prenant le ton dramatique, il continua, et dit:

Je voulois vous donner les moyens de lui plaire,
Vous rendre satisfait; mais enfin je vois bien
Que vous voulez vous plaindre et ne mériter rien.

Et reprenant son ton naturel: puisque ma bonne volonté est inutile pour ton service, continua-t-il, je vais me coucher en te conseillant d'en faire autant. Je prie le grand Morphée de te prendre sous sa protection en t'envoyant des idées agréables qui te rendent heureux en songe, puisque tu ne le veux pas être réellement. Il sortit en ce moment, laissant le marquis seul, qui n'eut pas la force de lui dire un mot. Le conseil que le comte lui avoit donné le troubloit : il le trouvoit trop odieux pour se croire capable de le suivre, quoiqu'il ne pût s'empêcher de convenir que c'étoit le seul moyen de lever les obstacles; mais il ne lui en sembloit pas moins violent et moins horrible : se représentant Flore enlevée par force, ne se flattant pas, comme son ami, qu'elle fût d'un autre sentiment que sa mère, il s'imaginoit la voir toute en larmes, l'accablant de reproches en se défendant des violences de ceux qui entreprendroient l'enlèvement; il ne se sentoit pas la force d'y être présent, et il appréhendoit qu'elle ne fût insultée en son absence par ceux qui seroient chargés de cette criminelle exécution.

Une telle image lui perçoit le cœur, et le détermina à n'y plus songer; cependant, malgré ces belles résolutions, il lui étoit impossible d'effacer cette pensée ; elle lui revenoit sans cesse, et ne lui permettoit pas de dormir. Le jour parut sans qu'il eût pu fermer les yeux. Il se leva, et descendit par une terrasse de son appartement; mais ayant traversé le jardin sans trouver une place commode , il entra dans un bosquet, et se rendit au bord de la rivière qui le bornoit, où trouvant un gazon vert il se jeta dessus, et appuyant sa tête sur une petite élévation qui sembloit être faite exprès pour lui servir de chevet, il espéra y trouver plus de tranquillité que dans son lit : mais les inquiétudes qui le suivoient partout ne lui laissèrent pas remplir son espérance. Sa rêverie étant redoublée depuis la proposition du comte, quoiqu'il se crût bien éloigné de l'accepter, il s'en faisait une chimère agréable, ne croyant rien faire contre les intérêts de Flore, ni contre sa probité, de s'en occuper l'imagination. Il s'en amusait agréablement, et l'idée chimérique qui lui représentoit que, par ce moyen, elle pouvoit être à lui, suspendoit toutes ses peines, qui renaissaient plus vivement que jamais, lorsque sa douceur naturelle et le respect qu'il avoit pour cette belle lui faisoient réfléchir que, pour jouir de ce bonheur, il falloit user de violence ; alors tous ses plaisirs s'évanouissoient, et il se retrouvoit encore plus malheureux. Pendant qu'il étoit combattu par ces différens mouvemens qui l'occupoient entièrement, le comte arriva. Il s'étoit levé matin contre son ordinaire ; l'état de son ami le touchant plus sensiblement qu'il ne le disoit, il vouloit faire encore un effort pour l'engager à profiter de ses conseils.

Marandel s'approcha de lui, et l'auroit cru endormi s'il ne lui eût vu tourner les yeux de son côté. Eh bien ! moderne Amadis, lui dit-il, peut-on savoir à quel tome vous en êtes ? En vérité, dit le marquis en s'efforçant de sourire, vous plaignez si peu vos amis qu'il ne s'en faut de rien que je ne me repente de vous avoir pris pour mon confident, quoique je n'aie pas à me reprocher, continua-t-il d'un air un peu piqué, de vous avoir importuné pour vous obliger d'accepter cet ennuyeux emploi. Il ne m'ennuie point, mon cher marquis, dit le comte touché de cette espèce de reproche, et j'en serois fort content s'il pouvoit me mettre en état de te persuade que tu n'es malheureux que parce que tu n'as pas le courage de te délivrer de cette infortune d'une façon ou d'une autre. Ma sensibilité pour toi, continua-t-il en l'embrassant, te prouve mon affection, et ma vivacité me fait envisager avec diligence tous les biais qui te pourroient tirer d'affaire. Je n'en trouve que deux ; les voici : agir pour te satisfaire, ou étouffer une passion qui n'est propre qu'à te désespérer. Prétends-tu, à ton âge, te rendre esclave de l'amour comme on faisait au vieux tems ? Ce métier n'est plus à la mode ; tu ne le feras point renaître, et ton état est des plus rigoureux : il faut contenter ses passions ou les détruire ; c'est mon système : je prétends que mon goût soit toujours la source de mes plaisirs, et non pas mon bourreau : je soutiens qu'il faut immoler sans miséricorde tous les sentimens qui font obstacle à notre bonheur.

La ressource donc que je t'offre est la seule qui te reste : après avoir fait sérieusement les doctes réflexions, elles te feront convenir que M. de Marandel est un garçon admirable pour le conseil. Il est terrible, ce conseil, reprit le marquis, et supposé que mon désespoir m'en cachât l'horreur, je crois qu'il seroit aussi difficile à exécuter qu'à être approuvé. Ce ne seroit pas le tout que d'y être déterminé, il faudroit encore savoir comment s'y prendre pour arracher une fille d'entre les bras de sa mère, qui ne manque pas de fermeté, et de ceux d'un frère qui est garçon d'honneur; il faut donc les tuer. Ils sont, de plus, secondés par une vieille servante, assez zélée pour avoir refusé mes présens; elle serviroit tout au moins à crier au secours.... Il est vrai, ajouta-t-il, que cette demeure est distante du village ; mais il y a une maison où loge cette jeune veuve, qui touche à la sienne. La veuve a sans doute des domestiques. Il y a un moulin tout proche, d'où assurément on viendroit à leurs clameurs. Jugez à quels chagrins une telle aventure m'exposeroit, si elle venoit à éclater, par conséquent à échouer, comme elle ne pourroit manquer de faire.

Ah, ah! mon brave, vous capitulez, dit le comte en souriant, et il n'est plus question que des sûretés, moyennant quoi l'affaire est faite. Bien! il y faut rêver, et prendre de justes mesures. J'avoue que, de la façon dont tu arranges les choses, il seroit dangereux d'exécuter ce projet; je ne compte pas qu'une fille se laissera emporter aussi docilement qu'un

Tome I.   M

pauier de fruits, sur-tout étant soutenue par
une mère en fureur, un frère bien armé, une
servante qui heurleroit le tocsin, des chiens
qui aboieroient, la veuve voisine, soutenue
de la garnison du moulin et de ses gens qui ac-
couroient à son secours...... Tout cela assurément mérite attention, et tant de forces
réunies ne manqueroient pas d'empêcher le ra-
vissement de la belle Hélène; mais nous pourrions nous y prendre sans faire tant de bruit, et
attendre le moment où elle sortiroit de la ci-
tadelle; alors nous l'obligerions à nous suivre
avec moins de difficulté. Elle ne sort jamais sans
sa mère ou sans cette jeune dame, reprit le marquis. La dernière ne seroit point un obstacle, dit
le comte en riant, et je ne présume pas qu'elle
porte une batterie de canon dans sa poche; mais,
pour l'empêcher d'en aller chercher, il faut, si
nous la rencontrons avec Flore, la mettre du
voyage : il seroit même à propos d'avoir aussi la
mère. Pendant que nous la tiendrions, elle ne
pourroit rendre des plaintes contre nous, ni son
fils non plus, parce qu'il ignoreroit ses intentions,
n'étant pas vraisemblable qu'on les eût emme-
nées toutes trois par force, le fils ayant plutôt
sujet de croire que sa mère, de concert avec
nous, auroit fait cette partie sans le consulter;
et quand nous la tiendrions, nous ne la laisse-
rions point aller sans nous être effectivement as-
surés de son consentement.

Il ne faudroit, continua-t-il, pour s'en saisir sans bruit, que les engager à faire un tour à Paris; nous nous mettrions dans le bois en embuscade avec un équipage prêt; et nous les mènerions où tu voudrois. Crois-tu, continua-t-il, qu'en persistant dans le dessein d'épouser Flore, elle ne seroit pas ravie de cette violence, et que sa mère auroit raison de se plaindre des suites qu'elle auroit eues, ou qu'en gagnant sur toi de te contenter de l'avantage de l'avoir à discrétion, nous ne l'appaiserions pas à force d'argent? Un millier de pistoles ou même deux, s'il le falloit, vaudroient mieux à perdre que ton honneur et ta liberté par un mariage qui.... Mais ne te mets point en colère, poursuivit-il en voyant que le marquis rougissoit, épouse, c'est pour toi; je vois bien que tu ne guériras de ton maudit amour que par l'émétique de l'hymen. C'est pour cela, ajouta-t-il, que la mère est absolument nécessaire à enlever. Outre les inconvéniens que nous éviterons en ne la laissant point après nous, sa présence rassurera Flore; et si elles sont raisonnables, comme je n'en doute point, attendu l'intérêt qu'elles auront à l'être, tu pourras, après avoir épousé la fille, les remettre le même jour dans leur maison, sans que personne s'aperçoive qu'elles en seront sorties; il ne s'agit donc que de trouver un moyen pour exécuter sans difficulté ce projet. Je pense, dit le marquis, qu'à trois cents pas de ma petite terre il y a une maison qui en dépend et qui est joignante à la paroisse; par bonheur elle est précisément à louer actuellement, et personne ne les y verroit; l'église étant isolée du village, nous pourrions les y conduire sans être aperçus. Mais il faut supposer qu'elles y consentiront. Bon cela, reprit le comte, j'aime les génies industrieux qui, à l'occasion, trouvent des expédiens, non pas ces langoureux qui ne savent que dire hélas! Ceci me paroît bien sensé, et sans t'amuser à croire que ces femmes, voyant que c'est tout de bon que tu veux bien t'encanailler, s'avisent de faire davantage les mauvaises, il n'est plus question que de t'assurer de ton curé, et que de savoir s'il sera homme d'accommodement, et s'il ne rompra point nos mesures par une sotte délicatesse ou une timidité mal-à-propos.

Le marquis lui répéta ce qu'il avoit déjà dit à madame Maronville, et lui fit connoître qu'il comptoit sur le vicaire neveu. C'en est assez, reprit le comte, ne différons donc plus, partons demain, afin que ton curé ne nous prévienne pas, et ne vienne point rompre nos mesures par un retour imprévu. Tout cela va fort bien en théorie, repartit le marquis; mais le principal est de tirer ces personnes de chez elles. Tu parles d'un air aussi assuré que si tu n'avois qu'à leur présenter la main pour monter en carrosse; mais comment les y engager sans violence? Commence, répondit son ami, par t'assurer du vicaire et de la maison; tandis que cela s'apprêtera nous penserons au reste; étant déterminé d'emmener la mère, il sera plus aisé de les trouver ensemble, que de prendre Flore seule. Elles sortent, ou font sortir Marouville; et le seul objet qui doit nous occuper, c'est de ne point les enlever en sa présence, parce qu'il voudroit sans doute s'y opposer, et que nous serions peut-être obligés de le tuer pour le faire taire.

Le comte s'apercevant que cette pensée faisoit frémir son ami : Ce ne seroit, lui dit-il, que dans une nécessité indispensable ; et lo squ'il ne sera plus question que d'éviter cet inconvénient, nous y veillerons si attentivement, qu'elles tomberont sans danger dans nos lacs, d'une façon ou d'une autre; car parbleu, poursuivit il en élevant la voix, je n'en aurai pas le démenti ; et quand je devrois brûler la maison, elles en sortiront, et il ne me sera pas reproché que des villageoises me feront la loi. Quoiqu'il ne dit ces mots qu'en riant, ils rappelèrent dans l'esprit du marquis l'iniquité d'un tel procédé, ce qui pensa l'obliger à se dédire : il avoit les yeux fixés à terre en rêvant profondément. La vertu et la raison faisoient un dernier effort sur son cœur; mais le comte l'interrompit, en le tirant par le bras. A quoi songes-tu? me feras tu part de tes pensées? lui dit-il. Je l'avoue, reprit le marquis, que j'appréhende de commettre un crime inutilement. Je ne me suis pas aperçu que tous mes charmes et mes attraits aient produit sur le cœur de Flore cet effet que tu crois si indubitable, et ses refus m'ont paru si naturels, qu'il faudroit aimer à se flatter plus que je ne le fais, pour croire qu'elle contraignit son penchant dans le procédé qu'elle a pour moi. Je ne puis m'empêcher de convenir que je ne lui ai jamais vu d'autres mouvemens que ceux de la crainte et du chagrin qui l'a saisie toutes les fois qu'elle m'a aperçu, n'ayant pas laissé échapper le moindre signe qui me pût persuader qu'elle résiste à son inclination.

Tu me ferois devenir aussi fou que toi, repartit le comte avec vivacité; tu redis toujours la même chose: si Flore a la moindre ombre de raison, elle ne peut te haïr, et ce ne doit être que cette rare vertu que tu lui attribues, qui inspire de l'effroi à une paysanne sur les sentimens d'un homme de qualité. C'est à toi à les dissiper; et lorsqu'elle ne doutera plus qu'ils te font pousser le ridicule de la sincérité jusqu'au pied de l'autel, tu verras tous ses mépris et ses froideurs cesser. Au pis aller, si elle étoit assez extravagante pour persister dans son obstination, elle ne mériteroit pas d'être comptée pour rien dans la démarche que tu veux faire, et tu serois fondé à n'agir que pour te contenter uniquement, sans te mettre en peine de quelle façon elle penseroit. Le marquis se rendit enfin; mais l'article sur lequel il ne céda pas, ce fut d'aller brusquement forcer la maison avant d'avoir teuté un dernier effort pour s'assurer au vrai des dispositions où cette belle étoit à son égard.

Le comte voulut chvain combattre cette intention, et lui représenter l'impossibilité qu'il avoit déjà trouvée à l'exécuter, en lui faisant envisager qu'il n'y auroit pas plus de facilité que par le passé; l'exhortant au contraire à ne rien tenter de nouveau, de peur qu'il ne lui échappât quelque chose propre à faire soupçonner leur entreprise, et à la faire échouer; mais ces raisons furent inutiles, le marquis se flattant d'être plus heureux qu'il n'avoit jamais été, et de trouver le moyen de pénétrer quelles étoient les dispositions de Flore à son sujet. Son ami ne pouvant le vaincre, fut enfin obligé de lui céder en levant les épaules. Fais donc à ta fantaisie, lui dit-il, mais à cette démarche hors de propos joins du moins celle qui peut avancer tes affaires, et te déterminer sur les mesures que tu prendras.

Le marquis lui dit que tout le reste seroit facile, qu'il ne falloit pas s'assurer du vicaire et de la maison; mais il fit réflexion que celui qui étoit chargé de ses affaires pouvoit avoir quelque curiosité en apprenant que lui — même vouloit meubler une maison de particulier à une si petite distance du plus joli château des alentours de Paris, dont il étoit le maître, et qui étoit en état d'être habité sans y rien porter de plus que ce qui y étoit. Cette observation parut fort sensée au comte, et pour empêcher les suites d'une curiosité qui ne pouvait manquer de prendre à l'homme d'affaires, il jugea à propos d'aller la louer comme un étranger, bien certain de ne pas être connu dans ce pays, où il n'avoit jamais été : et comme il étoit d'une humeur fort pétulante; aussi diligent pour le service de son ami qu'il l'auroit été pour lui - même, sans attendre davantage il partit sur l'heure à cheval, ne voulant point être suivi de personne pour aller terminer cette affaire; à quoi il trouva d'autant plus de facilité que les meubles n'ayant pas encore été enlevés, ceux à qu'il ils étoient avoient prié le syndic du village de les vendre s'il lui étoit possible. Le comte en fit le marché, les paya, et revint à Paris en diligence. Le marquis y étoit déjà, étant convenu avec lui qu'aussitôt qu'il aurait parlé à Flore il lui en donneroit avis. Madame d'Astrèl revit son fils avec beaucoup de plaisir : le dessein qu'il avoit formé lui donnant un air joyeux qui persuada à cette dame que c'étoit une preuve assurée du retour de sa santé, elle lui témoigna la satisfaction qu'elle en avoit avec tant de bonté que, sans le savoir, elle pensa renverser le coupable projet qu'il méditoit. Mais quoiqu'elle eût réveillé pour quelques momens dans le cœur de son fils les remords d'une action qui la devoit accabler de chagrin, l'amour, plus puissant que la reconnoissance, dissipa en peu de tems cette espèce de repentir, qui fut étouffé par le pressant désir d'entretenir sa maîtresse.

Il avoit conçu ce dessein sans savoir absolument comment l'exécuter. Aller tout de suite chez madame Marouville n'étoit pas le plus sûr moyen ; Flore n'étoit jamais seule ; et les démarches qu'il feroit pour lui parler en particulier, loin de lui être favorables, ne pouvoient être propres qu'à donner des soupçons capables de faire tenir ces femmes sur leurs gardes, et d'avoir plus d'attention. Mais le hasard le favorisa au moment qu'il s'y attendoit le moins. Etant allé un matin se promener au jardin de l'Arsenal, dont la solitude et l'éloignement convenoient à sa sombre humeur, il en sortit peu de tems après, et sans daigner remonter en carrosse, il alloit à pied chez le comte de Marandel, qui logeoit devant Sainte-Catherine, lorsqu'en passant proche de l'église des filles Sainte-Marie, il y vit entrer trois paysannes qui ne lui étoient pas inconnues. Elles le saluèrent, et cette action lui rappela entièrement qu'il les avoit vues dans l'église de Vincennes lorsqu'il y alloit pour y voir Flore : c'étoit précisément la femme et la fille du bedeau qui lui donnoit des chaises, qu'il payoit si libéralement qu'elles furent fort fâchées quand il avoit cessé d'y aller.

Cette rencontre lui donna beaucoup de joie, sans savoir précisément quel profit il en pourroit tirer. Il ne balança point à les suivre. Elles entendirent la messe, et lui aussi, qui, ne les ayant pas perdues de vue, les aborda comme elles sortoient, en feignant de se trouver, par hasard entre la porte. Elles le saluèrent, et lui ayant demandé comment il se portoit, de même que la raison pour laquelle il ne venoit plus à la messe à Vincennes; après leur avoir répondu ce qui lui vint dans l'esprit pour prétexter les voyages qu'il y avoit faits sans compromettre Flore, et y avoir ajouté pareillement une autre supposition qui les avoit interrompus, il entra en conversation avec la mère, et lui demanda si son mari et elle vivaient du produit des chaises de la paroisse : à quoi elle répondit qu'il ne seroit pas assez considérable s'ils n'avaient pas d'autres ressources ; mais que son mari étoit jardinier de madame d'Arli, qu'elle lui fit connoître pour la jeune veuve qu'il avait trouvée chez la Marouville ; et voyant qu'il l'écoutoit avec bonté, elle lui dit qu'elle marioit sa fille avec un jeune paysan dont elles étoient accompagnées, avec sa mère ; qu'ils étoient venus tous à Paris pour acheter le trousseau qu'elle leur vouloit donner, et les bijoux dont le futur devoit lui faire présent. Après cet entretien, elles prirent congé du marquis, en l'invitant de revenir dans leur canton. Mais lui, en causant toujours avec elle, les suivit quelques pas, et les vit arrêter à une boutique d'étoffes, où elles entrèrent, et où, feignant d'éviter un embarras, il entra un moment après, précisément dans le tems que la petite personne s'étoit déjà attachée à une étoffe de son goût, et que sa mère, la trouvant trop chère, disoit au marchand d'en donner une d'un moindre prix. Le marquis connut aisément la peine que cela faisoit à la jeune paysanne et au prétendu, qui disoit entre ses dents que, puisqu'elle ne lui donnoit que les nippes, elle n'auroit pas dû regarder à dix francs de plus; tandis que la mère du jeune homme ne se contenta pas de le dire entre les dents et le répéta haut et clair, du ton d'une paysanne mécontente, Cette altercation fut poussée avec tant de vivacité qu'elle pensa rompre le traité. C'étoit une affaire terminée si d'Astrel ne s'en fût mêlé : il les interrompit en disant à la jardinière de madame d'Arli, qu'il lui vouloit parler. Elle le suivit ; et quand ils furent en liberté, il lui demanda à quoi se montoit le mariage qu'elle donnoit à sa fille : cette femme lui avoua naturellement qu'elle ne lui donnoit que deux vaches, son trousseau et le festin de la noce.

Vous n'avez qu'à leur donner en argent la somme que vous destinez à ces emplettes, reprit le marquis. Si vous voulez me prier de la fête, je paierai le trousseau tel que votre fille le désirera, et je vous fournirai de quoi acheter les vaches et

payer le repas. Cette femme fut ravie d'une si gé-
néreuse proposition; mais comme elle n'étoit pas
sotte, elle ne douta point que le marquis n'eût
intention d'en tirer quelque service, qu'il vouloit
bien payer d'avance. Sans déguiser sa pensée, elle
la lui témoigna franchement, et le marquis ne put
lui nier qu'elle n'eût deviné : il convint qu'il avoit
une raison importante pour désirer d'être de la
noce, ajoutant qu'il ne vouloit pas être connu. Il
est bien aisé, lui dit-elle; vous n'aurez qu'à vous
habiller en femme : vous êtes beau et jeune, et
nos atours vous siéront à ravir. Il est pourtant
vrai, ajouta-t-elle en le considérant, que vous
êtes un peu grand; mais qu'importe, vous ne l'êtes
guères plus que moi; je gage que mes habits vous
iront fort bien. Si vous voulez me dire votre demeure je vous en apporterai un demain : il n'y a
qu'une petite difficulté, ajouta-t-elle, c'est que
je n'ai pas plusieurs beaux atours; et comme je
serai obligée ce jour-là de mettre ce que j'aurai
de meilleur, j'appréhende que le reste ne soit pas
digne de vous.

C'est la moindre difficulté, reprit le marquis;
il n'y aura qu'à vous en faire un exprès. Si vous
me gardez le secret, il sera pour vous. Ces promesses redoublèrent la joie et le zèle de la bonne
femme, qui lui promit merveille de son adresse
et encore plus de sa discrétion qu'elle lui vanta
pour une extrême. Elle lui dit même qu'elle avoit
été une de ces femmes qui vendent de l'orviétan

quelques jours chez elle ; que cette femme lui
avoit enseigné un secret de se basaner le visage
et pour se noircir les cheveux pendant vingt-quatre
heures, que cela serviroit à le faire méconnoître
et viendroit à merveille, en le changeant du blanc
au noir. Il fut si content de cet expédient, et de
ce qu'elle vouloit bien entrer dans son déguisement, qu'il lui donna pour tous les frais qu'il lui
avoit promis, beaucoup plus qu'elle n'auroit osé
lui demander, sans compter ce qu'elle lui dit que
coûteroit l'habit qu'il devoit porter, et dont elle
profiteroit. Cette circonstance l'empêcha de rien
épargner pour qu'il fût beau et ample. Elle fut
trouver ses gens dans la boutique où elle les avoit
laissés, après être convenue avec le marquis d'une
chambre qu'elle devoit louer dans une de ces rues
détournées qui entourent la place royale, où ils
se donnèrent parole de se trouver le jour de la
noce pour le déguiser, et pour le mettre en état de
paroître sans être connu. Il étoit tems que madame
Marguerite (c'étoit le nom de la jardinière de
madame d'Arli) rentrât où elle avoit laissé sa fille ;
car ceux qui l'accompagnoient commençoient à
s'impatienter ; mais ils furent bien dédommagés
de leur tems perdu par le changement de cette
femme, qui loin, de continuer à disputer sur la
cherté du trousseau, acheta tout ce que l'on voulut, et dit à la mère du garçon que, si elle vouloit
doubler les joyaux que son fils devoit donner, elle
augmenteroit encore la dot de cent écus en belle

Tome I.   N

espèces. Cette offre fit ouvrir les yeux à tout le monde. La mère et le fils ne purent s'empêcher de lui demander d'où provenoit ce changement arrivé en si peu de tems. Elle leur répondit que, dans le moment qu'elle étoit sortie, elle avoit aperçu une dame au service de qui elle avoit été avant de se marier ; que cette dame lui devoit encore six années de ses gages ; mais que, sachant qu'elle n'étoit pas en état de la payer, elle ne les lui avoit jamais demandés, parce qu'elle l'aimoit beaucoup, n'en ayant pas même parlé à son mari ; et que s'étant approchée d'elle pour la saluer, cette bonne maîtresse l'avoit embrassée, en lui disant qu'elle la voyoit avec plaisir, parce que depuis quelques jours elle avoit gagné un procès important qui l'avoit mise extrèmement à son aise ; que, si elle ne l'eût pas rencontrée, elle vouloit aller elle-même à Vincennes lui porter sa somme, et la remercier du long crédit qu'elle lui avoit fait. Enfin, dit la dame Marguerite, elle m'a menée chez elle, où elle m'a donné mille livres, la gratification ayant doublé la dette. Ainsi, ajouta-t-elle, comme notre homme n'en sait rien, que j'avons bien vécu sans cela, je ne lui en parlerai pas, et je l'emploierai à augmenter le mariage de notre fille, pourvu que vous augmentiez celui de votre garçon. Ce point fut bientôt accordé, et cette troupe de manans s'en retournes bien contente, en remerciant Dieu de cette heureuse rencontre, pendant que le mar-

quis courut faire part de la découverte au comte,
qui approuva son projet. Il est à présumer, dit
d'Astrel, que la fête ne se passera pas chez madame d'Arli sans que Flore y soit; car je les ai
toujours vues ensemble à l'église, et toutes les
fois que j'ai été chez elle, j'y ai trouvé la dame.
Comment! reprit le comte d'un air étonné, il est
à présumer! est-ce que tu n'en es pas certain?
Que ne le demandois-tu à cette femme, sans
faire une démarche qui sera peut-être inutile?
Je n'ai pas osé nommer Flore, repartit-il, parce-
que je ne voudrois pas confier mon secret à de
telles personnes; et la discrétion ne... Ma foi,
moins de discrétion, répliqua Marandel, il le sera
bien dû si tu ne la vois point, et si tu perds ta
peine et tes frais. La réponse du comte inquiéta
son ami; il avoit envisagé la chose comme assurée : cependant le comte pouvoit avoir raison, et
cette incertitude le tourmenta pendant trois jours;
mais au bout de ce tems, qui étoit le terme que
la paysanne avoit pris pour son rendez-vous, il se
trouva à l'appartement qu'elle lui avoit indiqué,
et fut fort soulagé de voir qu'elle étoit la première
rendue avec tout son ajustement : il l'essaya et
parut dedans à merveille. Pour s'éclaircir au sujet de Flore, sans la compromettre, ayant le
tems d'entretenir la paysanne, il lui demanda si
elle auroit beaucoup de monde, ajoutant qu'elle
n'avoit qu'à prier qui elle voudroit sans être re-
tenue par la dépense : mais cette femme lui ré-

pondit tristement que, puisqu'il avoit tant de bonté, elle étoit bien fâchée de n'en pas profiter. Quoique les bourgeois des environs qui nous connoissent nous feroient bien l'honneur de venir si nous les en prions, ajouta-t-elle, et que nous fussions ravis de les avoir à des noces qui, de votre grâce, monsieur, seront magnifiques, il ne nous est pas permis d'en prier personne; car madame d'Arl ne nous a promis d'y être qu'à condition qu'il n'y auroit point d'étrangers, à cause qu'il n'y a que sept mois qu'elle est veuve, et qu'elle dit qu'il n'est pas honnête, quand on est en deuil de son mari, de se trouver aux noces avec des messieurs et des dames. Quant aux paysans, elle ne s'y oppose point; parce que les tables se mettront dans la grande plaine, et que, sans se gêner, elle ne viendra les voir danser qu'autant que cela lui fera plaisir.

Comment! dit le marquis, elle sera donc toute seule parmi vous autres? Bon! reprit cette femme, est-elle seule quand elle a sa mignonne Flore qui lui sert d'ombre, aussi-bien que madame Maronville la mère et son fils? La voit-on jamais qu'avec ceux-là?

Le marquis la voyant en train de parler de ce qu'il vouloit savoir sans le demander, parut étonné et lui demanda qui étoient ces personnes-là. Je n'en sais rien, dit-elle, et je ne les connois point; ils vivent si retirés, que l'on ne sait de quelle humeur ils sont : je ne les crois pourtant pas de plus grandes gens que nous. Le fils est jardinier aussi-bien que le mien : toute la différence qu'il y a, c'est qu'il ne va point travailler chez les autres : mais dame, sa mère n'a pas tant d'enfans que moi, et qu'elle est plus glorieuse... Peut-être est-elle plus riche? Elle, sa fille et dame Nicole, leur vieille servante, ont soin du bétail tout comme moi, et on leur voit traire leurs vaches de même que les autres : c'est de ce revenu qu'elles vivent comme le reste des paysans. Apparemment, reprit-il, que votre dame n'est pas de plus grande condition que cette famille, puisqu'elle est en égalité avec ces gens-là : les connoit-elle depuis long-tems? Ah! pardonnez-moi, monsieur, lui dit-elle, le père de madame d'Arli étoit bien noble; mais il fut ruiné pendant les billets de banque, dont il eut tant de chagrîn qu'il en tomba en langueur. Sa femme l'obligea d'aller à Vincennes dans une maison qu'ils y avoient, afin de lui faire changer d'air. Leur petite-fille, qui n'avoit que six ans, y fut avec eux ; et quand elles les embarrassoit, ils l'envoyoient jouer avec la petite Flore, de qui la mère venoit d'acheter le lieu où elle demeure à présent, qui est si voisin que le mur est commun.

Cette femme savoit tout plein de belles choses: elle les apprenoit à ses deux enfans, et à la nôtre qui s'attacha si fort chez eux qu'elle ne pouvoit vivre sans y être. Son père et sa mère étant retournés à Paris, elle y tomba malade, et y prit une si grande tristesse qu'on crut qu'elle en mourroit. On fur obligé de la renvoyer chez madame Maronville qui en eut soin. Elle se remit en peu de tems, et depuis elle n'a jamais été si aise que quand elle est avec eux; quoiqu'ensuite elle ait été mariée à un homme fort riche ; que la mort de ce mari et celle de son père l'aient rendue maîtresse de se réjouir et de fréquenter le grand monde, elle aime mieux passer à Vincennes les trois quarts de sa vie, et ne voir que cette famille, que d'être à Paris, où elle ne va que quand elle y a nécessairement affaire, et où elle est dans les plus belles compagnies. On porte, continua la paysanne, presque tous les soirs son souper chez ces gens-là , et elle a fait faire une porte de communication entre les deux jardins, afin d'y entrer à toute heure comme chez elle ; ce qui fait qu'elles sont toujours ensemble. Pour moi je ne trouve pas cela fort joli, puisque moi , qui suis sa nourrice, ainsi que ma fille qui est sa sœur de lait , n'avons jamais eu l'honneur de manger avec elle, tandis qu'elle est tous les jours à table avec les Maronville, ne mettant point de différence entre leur condition, surtout avec Flore , qu'elle traite comme si elles étoient de même race. C'est qu'elle est bonne , dit le marquis , et qu'elle ne veut pas mettre la différence qu'elle doit entr'elle et des paysans. Oh ! que me pardonnez-moi , reprit la dame Marguerite ; elle est bonne , j'en

conviens, mais elle connoît bien son rang, et ce
qui lui est dû. Nous nous en apercevons assez, et
si nous osions lui manquer de respect, ou nous
trop familiariser avec elle, nous verrions bientôt
qu'elle sauroit nous en faire souvenir; elle ne
permet que ce qu'elle veut bien permettre.

Par conséquent, reprit d'Astrel, ils seront à la
noce? Oui, vraiment, et des premiers invités,
répliqua-t-elle, à moins que nous ne voulussions
que notre dame n'y fût pas. Je vous promets
bien même qu'ils seront assez glorieux pour ne
point manger parmi les autres paysans; pour ne
paroître dans la prairie qu'avec elle, et pas plus
long-tems qu'elle y restera. Elle nous a accordé
par grâce singulière de nous faire l'honneur de
dîner à sa table le jour des noces, moi, ma fille,
la mère du marié, la commère Tomasse, qui est
sa tante, à l'exception du marié, encore a-t-il
fallu qu'elle en ait pris l'avis de madame Maronville.

Nous serons dans un salon, dit-elle, qui donne
sur la prairie, où les tables pour les gens de la
noce seront tendues, et d'où elles verront commodément manger et danser les paysans. Mais il y
fera bien chaud, et le soleil sera fort embarras-
sant. Nous pourrions, à la vérité, remédier à cet
inconvénient, en tendant des toiles, ou en faisant
des feuillées, si cela ne coûtoit pas tant. Ne vous
arrêtez pas à cette difficulté, reprit le marquis, je
prends les frais sur mon compte : je vais même,

pour vous empêcher de l'oublier, les avancer. A ces mots il lui donna sa bourse, où il y avoit cinquante louis, en lui disant qu'elle n'épargnât rien, et que s'il en falloit encore autant elle n'avoit qu'à parler.

Cette femme, transportée de cette continuelle libéralité, reçut son argent, et lui promit que rien ne manqueroit à ce qu'il souhaitoit; mais le marquis n'étant pas persuadé qu'elle ni son mari en sussent assez pour exécuter galamment son intention, ne savoit à qui s'adresser pour suppléer à leur peu de capacité : il n'osoit se servir de Dupuy, de qui il se défioit; cependant il vouloit qu'il y eût une fête champêtre avec une symphonie fine. Il fit connoître son embarras au comte, qui l'en tira en l'assurant que la Rose, son laquais confident, étoit aussi adroit que le pouvoit être Dupuy. Ce domestique ayant pris les ordres du marquis, fut à Vincennes avec tous les ouvriers nécessaires, et Blaise, père de la mariée ; ils eurent bientôt mis la prairie en état de recevoir non seulement ceux pour qui on la préparoit, mais encore Céladon et sa confrairie. Le principal de l'ornement, et le plus intéressant pour les acteurs, fut des tables et des muids de vin, placés avec symétrie, et si commodément que, du salon de madame d'Arli, on pouvoit voir tout ce qui se faisoit dans les salles du festin.

Plusieurs tentes, dont on avoit relevé en festons les cotés avec des rubans de toutes les cou-

leurs, étoient préparées pour le bal, l'une des-
quelles étoit destinée pour les vielles et les
musettes, et l'autre pour les haut-bois et les
violons. Le marquis recommanda à maître Blaise
et à sa femme d'assembler la plus nombreuse
compagnie qu'ils pourroient, en se flattant que
plus la cohue seroit grande, et plus aisément il
trouveroit moyen d'entretenir Flore. Il espéroit,
par ce moyen, et dans la confusion, que le comte,
vêtu en paysan, pourroit venir le joindre ; mais
un accès de fièvre, survenu mal-à-propos, rompit
une partie dont il s'étoit fait un si grand plaisir,
et le marquis fut obligé d'y aller seul.

Il se rendit la veille à la chambre, où la paysanne, s'y trouvant aussi, lui essaya ses habits,
en l'exerçant aux gestes convenables à son
ajustement : elle lui apporta la pommade qui
le devoit basaner et lui changer les cheveux.
Blaise le vint prendre le soir avec un cheval, sur
lequel, ainsi déguisé, il arriva chez ce paysan
comme une de ses parentes qu'il venoit de
chercher à Boulogne. Le marquis avoit pris
la précaution de dire à sa mère qu'il alloit coucher à la campagne, où il supposa qu'il resteroit
trois jours avec Marandel ; comme cela lui étoit
assez ordinaire, la marquise n'y fit aucune attention, non plus que Dupuy. Depuis quelque
tems il étoit beaucoup moins assidu auprès de
son maître : sa fidélité ne pouvoit le garantir
d'un peu d'éloignement pour un homme de qui

il etoit devenu le rival. Ce mouvement secret lui faisoit remarquer sans chagrin que le marquis s'éloignoit ausi de lui. Ce n'étoit plus par aucun soupçon que M. d'Astrel ne lui accordoit plus de part dans sa confidence : il ne lui étoit pas venu dans l'esprit que son valet-de-chambre pût avoir la témérité d'aimer Flore, mais il le trouvoit si contrariant que la conversation finissoit toujours aigrement et par un ordre de se taire.

Ce changement dans les procédés d'un homme en qui il avoit toujours vu une complaisance aveugle, même dans le tems où l'espèce d'autorité que son âge et les ordres de la marquise auroient pu lui permettre d'avoir une sévérité qui n'étoit plus de saison, lui inspira de la défiance, lui faisant craindre qu'il ne révélât à sa mère les sentimens qu'il lui connoissoit ; il poussa même la conjecture jusqu'à s'imaginer que c'en étoit déjà fait, et qu'il étoit plutôt son espion que son domestique : c'est pourquoi il l'éloignoit tout-à-fait de sa confidence ; ce qui lui fut d'autant plus facile que Dupuy ne fit aucunes démarches pour éviter cette disgrace. Ce n'étoit point par jalousie, ni qu'il craignît le succès des amoureux desseins de son maître ; l'expérience le tranquillisoit sur cela, et il ne lui connoissoit d'autre ressource que celle de s'affliger de la bizarrerie de sa fortune, jugeant bien que ce qui causoit l'union intime qui paroissoit depuis

quelque tems entre lui et le comte de Marandel,
n'étoit rien autre chose que la complaisance
que ce dernier avoit de l'écouter et de le plaindre :
quoique ce fût empiéter sur ses anciennes fonc-
tions, il n'envioit pas le poste de ce nouveau
confident. Le jour attendu avec tant d'impatience étant enfin arrivé, la campagne retentit
du son des instrumens. Les paysans, parens,
amis et conviés s'y rendirent de toutes parts.
Cette symphonie éclatante ayant éveillé madame
d'Arli, elle envoya promptement avertir sa chère
Flore de s'apprêter à la venir trouver. Le marquis ne fut pas des derniers au lit. L'espoir de
voir incessamment l'objet de ses vœux lui fit
attendre l'aurore avec impatience. Il trouvoit
que tout se faisoit avec une lenteur insupportable, et quoique l'on fût à l'église fort matin, il
avoit déjà dit vingt fois qu'il étoit midi.

Flore parut enfin ; il eut le plaisir de la regarder tout à son aise ; mais il n'osa risquer de lui
parler, de peur qu'elle ne le connût au son de
sa voix seulement ; car il étoit trop bien déguisé
pour craindre que son visage le fît reconnoître.
Il fut donc réduit au plaisir de la voir, observant
de s'en tenir assez éloigné pour ne pas courir les
risques d'être reconnu par le moyen de quelque
question imprévue qu'elle lui auroit pu faire :
ainsi il ne profita pas de la commodité qu'auroit
pu lui fournir la foule qui conduisoit la mariée
à la messe, ne pouvant jouir de ce bonheur que

de concert ; mais n'osant se flatter que s'il essayoit de l'entretenir en présence de sa famille, elle voudroit bien ne le point découvrir, il ne s'y exposa pas, d'autant que madame d'Arli la tenoit sous le bras, et que la Marouville et son fils les suivoient de près.

Cette raison l'obligea encore à s'éloigner à l'heure du repas, de peur qu'étant supposée étrangère, la maîtresse de Marguerite ne crût devoir lui faire l'honneur de la mettre à la table de cérémonie, pour récompense d'être venue d'au-delà l'eau. Mais quoiqu'il ne désirât pas d'être de la table de madame d'Arli, il n'avoit point oublié d'ordonner qu'elle fût servie avec autant de profusion que de délicatesse. Il eut moins d'inquiétude quand le diné fut fini : elles sortirent pour voir les danses, et pour admirer la magnificence de la fête, dont madame d'Arli fit à sa nourrice une espèce de réprimande, en lui disant qu'elle auroit mieux fait de donner un arpent de terre de plus à sa fille, que de dépenser son argent à une chose dont il ne resteroit le lendemain que le souvenir, sans aucun avantage. Madame Marguerite s'excusa le mieux qu'elle put en disant que ce n'étoit pas elle seule qui en faisoit la dépense ; que la mère de son gendre et un vieil oncle qui avoit été valet-de-chambre d'un monsieur fort riche, en faisoient les deux tiers ; que c'étoit lui qui l'avoit voulu ; et de plus, ajouta-t-elle, on ne se marie pas tous les jours, et cela fait honneur à des jeunes gens; quand on s'est bien diverti à leurs noces, on en parle long-tems. La chose étoit faite; et madame d'Arli mit fin à ses remontrances. Flore, qui n'avoit aucun droit d'en faire, et qui n'y prenoit aucun intérêt que celui de se divertir, dansa des premières et de tout son cœur. Jamais le marquis ne l'avoit vue si joyeuse ; elle lui avoit toujours paru sérieuse, et ne songeant qu'à l'éviter : au lieu que, n'ayant aucune inquiétude, elle s'abandonna sans contrainte à la joie. Il voyoit briller en elle les charmes d'un enjouement qui augmentoit ses appas , goûtant les plaisirs avec l'empressement d'une jeune personne pour qui ils étoient rares, et qui n'en avoit ordinairement pas d'autres que ceux de la lecture, de la musique et des instrumens, dont elle ne jouissoit qu'à ses momens perdus, qui même, pour être trop tranquilles, et pris comme leçons, ne la flattoient pas comme ceux d'une assemblée qui ne lui étoit pas ordinaire , employant tout son tems aux occupations du ménage et à celles de la profession de sa mère.

Si ce nouvel exercice, en faisant briller les charmes de Flore, augmentoit l'amour du marquis, il augmentoit de même ses inquiétudes, ne sachant comment il parviendroit à lui parler, et à éloigner des trois personnes qui, sans le savoir, étoient autant de surveillans incommodes. La plus grande partie de ce jour étoit déjà passée sans qu'il osât se flatter que la fin lui seroit plus favorable.

Après avoir donné la torture à son esprit, cette crainte le rendant enfin ingénieux, il imagina tout d'un coup de lui faire dire en secret, par la mère de la mariée, qu'elle étoit une diseuse de bonne aventure, dont la troupe qui vendoit de l'orviétan s'étoit séparée par un accident qui avoit forcé un de leurs hommes à faire un meurtre en se défendant; que chacun alors ayant pris son parti pour éviter les archers, elle étoit restée chez Blaise, déguisée en paysanne, en attendant qu'ils se puissent rejoindre. Il ordonna à Marguerite de dire qu'il étoit la plus habile personne du monde dans son métier de prédire, quoiqu'il cachât ce talent; mais qu'ayant envisagé Flore il avoit trouvé quelque chose de si heureux dans sa physionomie qu'après l'avoir suivie tout le jour, il lui avoit dit qu'elle étoit sur le point de faire une grande fortune.

Tout réussit selon les vœux du marquis; Flore l'avoit remarqué; sa taille plus grande que celle d'une femme ordinaire, la couleur de son teint, et de plus son affectation à la suivre, l'avoient fait distinguer par cette jeune personne. Voyant qu'il parloit, en la regardant, à la femme de Blaise, qu'il laissa un moment après, elle fit signe à cette femme de s'approcher, et donnant dans le piége, elle lui fournit, par ses questions, l'occasion d'exécuter les ordres de la feinte devineresse, dont le projet réussit, en inspirant à la jeune fille une forte curiosité d'être instruite de sa destinée. Elle lui demanda avec empressement si elle ne pouvoit pas l'obliger à lui en dire davantage; mais la paysanne rusée, pour lui en donner une plus forte envie, lui dit qu'elle ne croyoit point que cela fût possible, parce qu'elle avoit de trop importantes raisons pour éviter de faire connoître son talent. Flore lui jura qu'elle lui garderoit le secret, et n'en parleroit ni à sa mère, ni à son frère, pas même à madame d'Arli, quoique cette dame eût peut-être été bien aise de savoir comme elle ce qui devoit lui arriver. Mais la dame Marguerite, persistant dans ses difficultés, lui dit qu'elle auroit assez de peine à obtenir que la devineresse lui parlât, sans entreprendre de la forcer à se fier à deux personnes; que c'étoit au contraire, le seul moyen de se faire refuser ce qu'elle désiroit pour elle-même..... Et tenez, ajouta-t-elle en voyant le marquis s'éloigner, je gagerois qu'elle soupçonne ce que nous disons, et que pour éviter les suites de mon indiscrétion elle va se sauver.

Suivons-la promptement, ma chère madame Marguerite, dit Flore, et tâchons de l'obliger de s'expliquer avec moi; je vous promets qu'elle n'en aura pas de chagrin. Venez donc sans tarder, dit Marguerite. Alors elle marcha devant; Flore la suivit ainsi que sa mère, qui s'entretenoit avec le tabellion, s'en aperçut non plus que madame d'Arli, qui étoit occupée à écouter une chanson nouvelle que Maronville lui apprenoit. La fausse devineresse voyant que Marguerite et Flore la suivoient, s'éloigna adroitement, se mettant presque hors de la vue de la noce: elle s'assit au pied d'une haie, sans témoigner qu'elle les vît venir, et feignant de dormir, elle ferma les yeux. Elles arrivèrent enfin auprès d'elle, à la grande satisfaction de Flore et à la plus grande du marquis. Il avoit toujours appréhendé que quelque contretems l'empêchât de donner dans le piége, ou l'en détournât, quoiqu'elle y eut donné. Savante femme, lui dit cette belle fille, vous connoissez, dit-on, quelle doit-être ma destinée: si vous avez la bonté de m'en instruire, je vous en aurai une obligation infinie, et je vous promets le secret; de plus, comme il est juste que chacun vive de son métier, je vais mettre la croix dans la main.

A ces mots elle fouilla dans sa poche; mais le marquis, dans une telle émotion qu'il se connoissoit à peine, lui retint la main, et sans essayer à déguiser sa voix, que l'agitation où il étoit changeoit assez: Pourquoi m'avez vous trahie, dit-il à la jardinière? Vous savez de quelle conséquence il est pour moi de ne pas être connue. Quoique je sois innocente de l'aventure qui nous est arrivée, on peut me faire du chagrin. Il est vrai, ajouta-t-il en regardant Flore, que je n'ai pu m'empêcher de parler de tout ce que je prévoyois d'heureux pour cette jolie enfant ; mais il n'étoit pas nécessaire de le lui dire. Vous avez affaire à une fille prudente, dit la dame Marguerite, je suis caution que vous ne courrez point de risque, ainsi je joins mes prières aux siennes pour vous engager à la satisfaire. Eh bien ! dit la devineresse, je ne veux point vous refuser, puisque vous me répondez de tout : mais comme il ne faut pas absolument que personne le sache, faites donc le guet afin que nous ne soyons ni surprises, ni interrompues.

Marguerite ne se fit pas redire de s'éloigner. Flore, dans l'excès de son empressement, lui ayant à peine donné le tems de faire quelques pas : Nous sommes seules, dit-elle avec impatience, et je vous avoue que j'ai une envie extrême de savoir quel sera mon sort. Une fortune considérable vous attend, lui dit le marquis ; mais il faut que vous permettiez à un homme qui vous adore de chercher à vous posséder par des voies légitimes, et que vous cessiez de vous opposer à votre bonheur, car, jusqu'à présent, soit fierté ou raison, vous avez refusé tous les moyens qui vous ont été offerts pour l'accomplir. Je n'ai de fierté pour personne, reprit Flore ; si vos lumières ne vous servent pas mieux dans le reste, elles sont entièrement fausses : mais je suis attachée à mon devoir et à l'obéissance que je dois à ma mère.

N'y a-t-il que l'opposition de votre mère ? lui demanda le marquis ; et si vous étiez maîtresse de suivre votre goût, vous porteroit-il à écouter un amant qui n'a en vue que de faire votre félicité ? Je vous avoue, reprit-elle, que si la prudence de ma mère ne s'étoit point opposée à mon inclination, j'aurois accepté avec plaisir la fortune que l'on m'offroit, non par rapport à l'avantage qui y paroissoit, mais en suivant uniquement un mouvement désintéressé, où le cœur seul avoit part. Achevez la confidence, dit-il presque hors de lui-même, et supposé que vous fussiez obligée d'épouser celui qui vous l'offroit, dites-moi naturellement si la raison que votre mère vous a inspirée vous engageroit à regarder cet hymen comme une tyrannie qui détruiroit la douceur d'avoir fait un établissement avantageux. Non, en vérité, dit Flore en rougissant : si elle jugeoit à propos d'y consentir, je l'accepterois avec joie, et le préférerois de tout mon cœur à tout autre, s'il s'en présentoit de plus considérable. A ces mots, le marquis ne se possédant plus, et se livrant au plaisir que cet aveu lui faisoit, lui serra la main, dans laquelle il feignoit de regarder, et la portant à sa bouche avec un transport dont il ne fut pas le maître : C'en est assez, charmante Flore, lui dit-il, vous serez heureuse, puisque vous n'avez point d'aversion pour celui qui vour offre son cœur et sa fortune. La vivacité dont il fit cette action, et sa voix qu'il cessa de contraindre, étonnèrent un moment Flore, et lui découvrirent en même

tems que la devineresse n'étoit pas un autre que
le marquis d'Astrel.

Ah, ciel! s'écria-t-elle; quoi! monsieur le
marquis, c'est vous qui abusez de ma curiosité
pour venir encore me tourmenter? Que je suis
malheureuse de m'être attiré ce contretems par
mon imprudence! En disant cela elle fit un
effort pour se lever; mais le marquis la retenant:
ah! de grace, belle Flore, lui dit-il, laissez-
moi profiter d'un moment que je cherche depuis
si long-tems. Non, reprit-elle en redoublant ses
efforts, ne prétendez pas me retenir, ou je vais
faire retentir la plaine de mes cris. Laissez-moi
éloigner d'un lieu où ma réputation est prête à
périr. Que diroit-on si on savoit que je suis seule
dans un endroit aussi écarté avec un homme
comme vous, qui même, pour rendre encore les
apparences plus criminelles, est déguisé en
femme. Quelqu'irritée qu'elle fût, la douleur
du marquis et le respect dont il accompagnoit ses
supplications, ne furent point indifférens à
Flore: elle en fut touchée, et lui promit de ne
point le quitter, quoiqu'elle rencontrât du monde,
avant d'avoir trouvé sa mère ou la jeune veuve.
Il y a, dit-elle, plus d'un quart-d'heure de
chemin, et vous n'en demandez pas davantage;
il vous doit peu importer de me parler ici ou en
marchant. Au contraire, si vous avez quelque
considération pour moi, vous cesserez de me
donner de l'inquiétude, il y va même de votre

propre intérêt, puisqu'étant plus tranquille, je serai aussi plus en état de vous écouter et de vous répondre.

Le marquis, craignant de lui déplaire, cessa de la contraindre. Il faut vous obéir, cruelle, lui dit-il en lui aidant à se lever : mais pour récompenser ma soumission, ajouta-t-il, souffrez que je vous demande deux grâces : la première sera de ne point parler de mon déguisement, et l'autre de joindre à la bonté de m'écouter celle de me répondre avec sincérité. Ne craignez point que cette aventure soit sue, à moins que vous ne la publiez : personne, pas même celle qui vous a parlé de ma part, ne sait qui je suis ; Blaise et sa femme me croient ce que je parois, et sont persuadés que je suis obligé de me cacher, tandis que tout le reste du peuple me prend pour une parente de Blaise. Je consens, lui répondit-elle, à garder le secret pour tout le monde ; mais j'en excepte ma mère, à qui je vous déclare que je ne puis en faire de mystère. Que diroit-elle, et qu'auroit-elle sujet de penser si cette aventure parvenoit à elle par d'autres que par moi ? Je ne suis pas accoutumée à lui rien taire, et mes sentimens sont trop innocens pour commencer d'avoir avec elle une dissimulation qui me rendroit coupable. J'aime mieux lui avoir blâmer mon imprudente ingénuité, que de lui donner sujet de lui rien cacher de ce qui m'arrive. Quant à mes sentimens que vous m'invitez à vous dé-

couvrir, poursuivit-elle, comme ils n'ont rien qui
me puisse faire de honte, je ne refuserai point
de vous les faire entendre. Ce discours se faisoit
en marchant à grands pas, et pour profiter du
moment où elle vouloit bien lui permettre de
rester auprès d'elle : Commencez donc, lui dit-il,
à me dire si vous me haïssez. Non, reprit-elle,
je ne vous hais plus, depuis que vous nous avez
fait connoître que vos desseins étoient honorables : au contraire, je vous avouerai que ce témoignage d'estime, malgré la différence que vous
voyez entre nous, m'a flattée, et qu'il a dissipé
l'horreur que vos desseins précédens m'avoient
inspirée. Je ne feins point de vous dire qu'alors
je vous détestois, et que je vous regardois
comme un monstre. Puisque vous avez daigné
oublier cette injure en faveur de mon repentir,
faites moi donc la grace entière, répondit d'Astrel, et me dites si, le jour que je vous demandai
à votre mère, vous souhaitâtes qu'elle consentît
à vous voir devenir mon épouse. Je n'ai rien
souhaité, repartit-elle, j'ai trop de confiance en
ma mère pour ne pas attendre ses décisions, afin
de m'y conformer, parce que je suis convaincue
qu'elle ne fera rien qui ne soit à propos; et si,
pour mon avantage, elle avoit cru devoir profiter
de vos offres, je vous avoue que j'aurois reçu ses
ordres sans répugnance; mais elle les a refusées;
et avec la même franchise, je vous proteste que

je lui obéis sans murmurer. En ne murmurant
pas, reprit-il, n'avez-vous eu aucune peine de
voir qu'elle me refusoit? et le oui ou le non vous
étoient-ils également indifférens?

Comme je vous ai promis d'être vraie, dit-elle,
je ne puis m'empêcher de vous dire que j'aurois
mieux aimé que ma mère eût trouvé plus de
raisons pour accepter l'honneur que vous nous
vouliez faire, que pour le refuser; mais sa
prudence et l'amitié qu'elle a pour moi m'étant
connues, je suis persuadée qu'elle a fait plus
sagement de vous remercier, que de consentir à
vos désirs, quoiqu'en apparence il n'y eût rien de
plus avantageux. L'intérêt que j'y ai ne m'empê-
che point d'être de son avis : elle n'a jamais approuvé les mariages inégaux; je pense là-dessus
comme elle.

Mais si cette inégalité n'y mettoit plus d'obstacle, reprit le marquis, ne s'en trouveroit-il
point dans votre cœur? Non, lui repartit-elle;
si la raison étoit en votre faveur mon cœur ne
vous seroit pas contraire. Achevez, ma chère
Flore, poursuivit-il voulant lui prendre la main
qu'elle retira, rendez mon bonheur parfait,
en me disant que ce cœur précieux me donneroit
la préférence sur tous mes semblables. Je le
veux bien, répliqua-t-elle avec un sourire modeste dont il fut enchanté; je pousserois la
complaisance, sans altérer la vérité, jusqu'à
convenir que si ma mère jugeoit à propos de

vaincre le scrupule qui l'arrête, ce que vous appelez votre bonheur ne seroit pas éloigné, dès qu'il ne dépendroit que de ma volonté. Vous devez être satisfait, ajouta-t-elle, puisque c'est tout ce que je puis faire pour vous; j'en ai assez dit et je ne m'en repens pas: mais, selon les apparences, ce sera la dernière conversation que nous aurons ensemble; tout ce que nous disons, n'étant que des suppositions impossibles, ne vous mettra pas plus en droit que ci-devant, moi de vous écouter, et vous de me tourmenter, et de donner l'inquiétude de craindre que l'on ne vous aperçoive ensemble.

En parlant ainsi et marchant assez vite, mal-gré les soins que le marquis avoit de ralentir leurs pas, ils se trouvèrent à une si petite distance de madame d'Arli qu'il ne put retarder le mo-ment de s'en séparer sans avoir obtenu qu'elle lisseroit ignorer à sa mère ce déguisement, non plus que leur conversation: elle ajouta encore une prière très-sérieuse de ne plus tenter d'en voir d'autre, l'assurant que loin de lui être avan-tageuse, il ruineroit, par cette opiniâtreté, les sentiment favorables qu'elle avoit pour lui.

Il fut contraint de la laisser, sans conserver espérance de lui parler de nouveau: ce qui com-mença à lui faire appréhender que quelqu'un ne remarquât; et se coulant dans la presse, il re-gagna la maison de Blaise, d'où, sans retarde-

ment, il se fit reconduire à Paris, où il changea
d'habit et se débarbouilla; ce qui lui fut facile, les vingt-quatre heures que la teinture devoit durer étant presque expirées.

La dame Marguerite l'accompagna, préférant
cette occupation à celle de voir danser, en disant que l'honnêteté vouloit qu'elle reconduisît
sa parente où elle l'avoit prise, d'autant que le
chemin qu'elle avoit à faire, étoit assez court
pour avoir le tems de revenir de bonne heure.
Le véritable motif de cette politesse étoit l'habit que la feinte cousine devoit lui donner, et
qu'elle craignit de ne pas avoir si elle manquoit le déshabillé. Elle aida au marquis à s'en
défaire, et obtint encore de lui une gratification
qu'il ne lui avoit pas promise : ce qui fit que,
s'en allant fort contente, elle lui renouvela ses
offres de service, en l'assurant qu'elle l'aimoit;
tant, qu'il pouvoit disposer de tout ce qui dépendoit d'elle comme d'une chose qui lui appar-
tenoit, et lui offrit, sans façon, de porter ses
lettres à Flore, avec qui elle ne doutoit point
qu'il ne fût en bonne intelligence; lui promettant d'aimer désormais cette fille pour l'amour
de lui, malgré sa fierté et celle de sa famille.
Mais le marquis, effrayé de cette proposition,
loin d'accepter ses offres obligeantes, lui défendit sévèrement, et sous peine de son indignation, de faire la moindre démarche auprès de
Flore; au contraire, lui ordonnant que, si elle

lui parlait de la devineresse, de paroître persuadée qu'elle en étoit une qui s'étoit réfugiée chez elle pour éviter les poursuites de la justice.

Sur la promesse qu'elle lui fit de se conformer à ses ordres, il reprit sa belle humeur, et continuant à la caresser, il la renvoya satisfaite. Le succès de sa mascarade lui rendit sa tranquillité qu'il avoit perdue depuis long-tems ; et, malgré l'assurance que Flore lui avoit donnée de s'offenser s'il faisoit quelqu'autre tentative pour lui parler, il étoit cependant bien aise d'être assuré du secours de Marguerite, si l'occasion s'en présentoit, se flattant que le courroux de cette belle fille ne seroit pas plus difficile à appaiser une seconde fois qu'il l'avoit été la première. Aussitôt que la paysanne fut partie, le marquis courut chez son ami pour lui apprendre ce qu'il avoit fait : il étoit si content d'avoir entendu de la bouche de Flore qu'elle n'avoit point d'aversion pour lui, elle le lui avoit dit dans des termes si obligeans que, les trouvant suffisans pour se croire aimé, il étoit transporté, et répéta vingt fois jusqu'aux moindres circonstances de son aventure. Cet enthousiasme faisoit pitié au comte. En vérité, lui dit-il, tu as l'esprit tourné ; on diroit, à t'entendre, que c'est une haute fortune, qu'après des peines et des soins contre qui une déesse n'auroit pas tenu, une petite crasseuse de villageoise ait daigné te faire un signe de protection.

Tome I.   P.

Elle ne te hait pas, dis-tu; et pourquoi te haïroit-elle? Seroit-ce parce que tu l'aimes? Il faudroit qu'elle eût une humeur bien lestrigone. Il paroît, dit d'Astrel, que tu n'as jamais aimé véritablement : si tu avois senti de l'amour pour quelque beauté qui en fût digne, tu connoîtrois la différence des plaisirs fades que fournissent les avances d'une coquette avec ceux que donne la moindre faveur de la part d'une personne estimable ; mais tu aimes en petit-maître, et tu serois honteux de penser plus honorablement. J'avoue, reprit Maraudel, que tu me définis assez convenablement ; mais M. le docteur, qui me traitez de petit-maître, ajouta-t-il en affectant un peu de sérieux, je voudrois bien savoir de quelle espèce vous étiez avant votre voyage d'Italie, et même à votre retour pendant le peu de tems que vous n'avez pas connu votre merveilleuse laitière; elle vous a tout d'un coup rendu le prototype de la raison, et ce prodige ne lui a coûté qu'un coup-d'œil : je puis donc me flatter que mes défauts ne seront pas incorrigibles, et qu'à mon tour je serai assez heureux pour trouver quelques vendeuses d'oignons au boisseau, ou quelques autres semblables princesses qui me mettront dans la voie d'un beau roman,

Quoiqu'il eût parlé d'un air assez riant, et que son sérieux affecté eût plutôt un air comique qu'irrité, il parut cependant au marquis qu'il n'en

étoit point absolument satisfait ; ce qui lui donna
quelqu'inquiétude. J'avoue toutes mes anciennes
erreurs, lui dit-il pour faire cesser cette conversation : avoue aussi que je n'y ai pas resté long-
tems ; de plus chacun agit à sa fantaisie et aime
à sa mode. Sans disputer des goûts, commençons
à prendre nos mesures pour me rendre heureux:
J'y consens, reprit Marandel, et je ne suis point
assez rancunier pour que les petites injures que
tu viens de me dire m'ôtent le désir de te servir : ainsi il faut que tu me déclares à quoi tu te
détermines. L'enlèvement est-il résolu ? Cela
dépend de ta volonté, et tout est prêt pour
l'exécution : tu n'as plus qu'à décider si tu le
veux. Oui, sans doute, répondit le marquis,
et puisque j'ai la douceur do savoir que je suis
aimé , je n'appréhende plus qu'elle refuse de
me pardonner une action qui la mettra on état
de suivre le penchant de son cœur.

C'est bien dit, repartit le comte, un bon mariage réparera tout ; mais, ajouta - t - il, cela
n'est pas suffisant, et il faut trouver le moyen
de l'attirer hors de chez elle assez adroitement
pour n'avoir point de dispute avec les chiens
du moulin. Je crois l'avoir trouvé , dit le marquis : j'entendis dire hier au soir que madame
d'Arli devoit venir demain à Paris pour y passer
quelques jours. Outre que le voyage de cette
dame nous délivrera de la nécessité de l'enlever pour empêcher qu'elle nous fasse d'éclat;

c'est qu'elle nous fournit un prétexte pour les obliger aussi à venir à Paris. Nous leur ferons dire de sa part, vingt-quatre heures après qu'elle sera partie, qu'elle s'est trouvée incommodée, et qu'elle les prie d'aller la voir. En y envoyant après que le jour sera couché, elles se mettront en voyage le lendemain dès le grand matin; il faudra faire tenir un équipage sur leur chemin, et les obliger d'y entrer. Tu les ameneras à la maison que tu as préparée, où je les attendrai, et où le prêtre sera prêt à monter à l'autel aussitôt qu'elles seront déterminées à m'y suivre; et pour empêcher qu'on ne les voie passer dans l'église, je ferai faire une brèche au mur qui les mettra commodément dans la cour de la sacristie.

Cela est à merveille, repartit le comte; mais je crois que s'il étoit possible de les faire monter dans leur voiture sans violence, la chose en seroit encore mieux; ce qui ne me paroît pas absolument difficile, puisqu'il n'y auroit qu'à leur envoyer cette voiture de la part de madame d'Arli; et lorsqu'elles s'apercevront que ce ne seroit pas le chemin de Paris qu'on leur feroit prendre, il seroit plus aisé de les retenir où elles seroient, qu'il n'auroit été facile de les y mettre par force. Il n'y aura qu'à avoir une chaise à deux, et bien fermer la portière par dehors; je me charge de ce soin sans courir le moindre danger, parce que je ne me servirai pour cette expédition d'aucun de mes gens. Il est mort, il y a quelque tems, un seigneur polonais de mes amis ; il avoit plusieurs domestiques, dont il me pria en mourant de me charger ; il me laissa ce qu'il leur vouloit donner, avec l'ordre de les renvoyer en leur patrie. Ils ont attendu jusqu'à présent ; mais enfin l'amour du pays les ayant saisis, ils m'ont témoigné le désir qu'ils avoient de s'en aller. Ils savent la somme dont je suis chargé pour eux ; ainsi, en y ajoutant quelque chose, je suis persuadé que l'envie de le gagner me rendra maître de les employer à ce que je voudrai : ils n'ont d'appui ni de connoissance que moi ; ce qui ne me laisse pas appréhender qu'ils me trahissent. Je vais les mettre, sans tarder, en état de partir aussitot qu'ils m'auront rendu le service que j'exigerai d'eux : par ce moyen notre secret ne pourra transpirer, et notre affaire est certaine ; il n'y auroit que le refus ou la défiance des dames qui le pourroient faire avorter : mais au pis-aller, si elles ne veulent pas se prêter de bonne grâce à notre artifice, il faudra employer la force ; ce sera mon affaire : il ne te reste que l'unique soin de nous faire tenir des relais sur la route, et de les attendre avec toutes les précautions requises pour achever ce bel ouvrage. Cependant, poursuivit il, je pense que, pour éloigner tous les soupçons, il seroit à propos que tu feignisses encore un voyage à ta belle terre, et que tu persuadasses, tant à ta mère qu'à tes gens, qu'il sera de plus d'un mois ou six semaines. Ce bruit, qui du domestique passera à l'auguste Nicole, fera que la bonne Maronville prendra moins de précautions.

Fin du premier Volume.